Spuntini di Sopravvivenza

Opzioni salutari e abbondanti per le situazioni di emergenza

Zachary Hart Ward

Sommario

Introduzione

In caso di emergenza, i bisogni del corpo vengono amplificati, richiedendo fonti di nutrimento affidabili per sostenere sia l'energia fisica che la lucidità mentale. Il cibo diventa non solo una necessità, ma un fondamento per la resilienza e la resistenza in condizioni difficili. Questo libro, Survival Snacks: Healthy and Hearty Options for Emergency Situations, fornisce una guida completa per costruire un kit alimentare di emergenza che dia priorità sia alla salute che alla praticità, offrendo opzioni che vanno oltre la sopravvivenza di base per supportare le massime prestazioni.

Essere preparati non significa solo fare scorta; si tratta di scegliere saggiamente. Selezionare snack con una lunga durata di conservazione, un'elevata densità nutrizionale e profili di macronutrienti bilanciati può fare la differenza tra sentirsi esausti e sentirsi capaci. In ambienti imprevedibili, l'accesso ai nutrienti essenziali diventa cruciale. Concentrandosi su proteine, carboidrati complessi, grassi sani e fibre, questa guida mira a fornire soluzioni che sostengono i livelli di energia e promuovono il benessere.

Dalle barrette energetiche fatte in casa ai mix di tracce ad alto contenuto calorico fino alle opzioni già pronte, ogni suggerimento di spuntino in questo libro è curato pensando alla preparazione alle emergenze. Consigli pratici per la conservazione, tecniche di conservazione e ricette di spuntini ricchi di sostanze nutritive sono progettati per darti sicurezza e tranquillità, sapendo che tu e la tua famiglia siete attrezzati per gestire tempi incerti.

Per le persone con esigenze dietetiche particolari, questo libro fornisce anche una serie di opzioni per garantire che la salute non venga compromessa quando l'accesso al cibo fresco è limitato. Vengono affrontati anche l'idratazione e l'equilibrio elettrolitico, riconoscendo che sia l'acqua che la nutrizione svolgono un ruolo chiave nel mantenere il corpo fortificato contro lo stress.

Survival Snacks è pensato per essere la tua risorsa di riferimento per spuntini intelligenti, efficienti e nutrienti in qualsiasi emergenza. Queste pagine mirano a fornirti conoscenze pratiche e opzioni nutrizionali che supportano forza, resistenza e senso di controllo di fronte alle avversità.

Capitolo 1

Introduzione alla nutrizione di sopravvivenza

In tempi di crisi, il corpo ha bisogno di nutrimento che supporti la resilienza, la concentrazione e la resistenza. La nutrizione è spesso trascurata nella preparazione alle emergenze, ma svolge un ruolo centrale nel mantenere forza e lucidità di fronte agli imprevisti. Questo capitolo fornisce conoscenze fondamentali sul valore della nutrizione in situazioni di sopravvivenza e offre una guida pratica per selezionare gli alimenti che possono sostenere salute, energia e benessere.

1.1 L'importanza di un'alimentazione sana nelle emergenze

Di fronte allo stress di un'emergenza, il corpo opera sotto crescenti esigenze fisiche e mentali. Un'alimentazione sana diventa essenziale, poiché fornisce il carburante necessario per far fronte alle pressioni uniche di una crisi. Il consumo di alimenti ricchi di nutrienti consente al corpo di mantenere livelli energetici stabili, fortificare il sistema immunitario e supportare le funzioni cognitive, fattori critici che migliorano la resistenza e la vigilanza.

In molti scenari di emergenza, l'accesso agli alimenti freschi è limitato, il che può portare a fare affidamento su prodotti stabili a scaffale. È importante riconoscere che non tutti gli alimenti non deperibili sono uguali. Gli snack trasformati e gli alimenti ad alto contenuto di zucchero possono offrire una gratificazione immediata ma spesso mancano dei nutrienti essenziali necessari per la resistenza a lungo termine. Dando la priorità a opzioni salutari con macronutrienti bilanciati – proteine, grassi e carboidrati – oltre a vitamine e minerali, possiamo equipaggiare meglio il nostro corpo per gestire il peso fisico ed emotivo di una situazione difficile.

1.2 Esigenze nutrizionali durante le situazioni di crisi

Durante una crisi, il tasso metabolico del corpo spesso aumenta, portando a maggiori richieste di energia e nutrienti. I principali bisogni nutrizionali in situazioni di emergenza includono:

Apporto calorico: il corpo richiede calorie adeguate per funzionare in modo efficace, soprattutto sotto stress. Quando l'apporto calorico diminuisce, le prestazioni fisiche e mentali peggiorano. La scelta di cibi ad alto contenuto calorico può aiutare a soddisfare questi fabbisogni elevati senza richiederne grandi quantità.

Proteine: le proteine sono essenziali per il mantenimento della massa muscolare, la riparazione dei tessuti e il supporto della funzione immunitaria. In contesti di emergenza, le proteine aiutano a prevenire la perdita muscolare e garantiscono che il corpo possa sostenere le richieste fisiche nel tempo.

Grassi: i grassi sani forniscono una fonte concentrata di energia che dura più a lungo dei soli carboidrati. I grassi svolgono anche un ruolo nella funzione cognitiva e nella regolazione ormonale, entrambi fondamentali in condizioni di stress.

Carboidrati: i carboidrati sono la fonte di energia più rapida del corpo, supportano la lucidità mentale e l'attività fisica sostenuta. I carboidrati complessi, come i cereali integrali e i legumi, sono preferibili poiché rilasciano energia più lentamente, evitando picchi e crolli improvvisi.

Vitamine e minerali: i nutrienti essenziali, tra cui le vitamine A, C, D, E e minerali come potassio, calcio e magnesio, sono necessari per mantenere la funzione immunitaria, la forza ossea e la salute metabolica. Quando i prodotti freschi scarseggiano, gli alimenti arricchiti con vitamine e minerali o alimenti naturalmente ricchi di nutrienti possono colmare il divario.

Un approccio equilibrato a questi nutrienti è fondamentale. Una dieta di emergenza ricca di tutti e tre i macronutrienti e rafforzata da vitamine e minerali essenziali aiuta il corpo a rimanere resiliente, rendendolo più attrezzato per rispondere efficacemente in condizioni di stress.

1.3 Nutrienti chiave per il mantenimento di energia e salute

Capire quali nutrienti sono vitali può aiutarti a selezionare gli alimenti che forniscono benefici sia immediati che duraturi.

Carboidrati complessi: alimenti come avena, quinoa, riso integrale e pasta integrale forniscono un rilascio costante di glucosio nel flusso sanguigno, garantendo che l'energia rimanga stabile nel tempo. Questi carboidrati supportano anche la prontezza mentale, riducendo l'affaticamento e mantenendo alti i livelli di energia.

Proteine: le carni secche (carni essiccate), le noci, i semi e alcuni alimenti liofilizzati sono ricchi di proteine, che sostengono la salute dei muscoli e supportano il metabolismo. Gli snack ad alto contenuto proteico non solo allontanano la fame, ma aiutano anche a mantenere la forza, che è fondamentale per la resilienza fisica in una crisi.

Grassi sani: burro di noci, miscele di tracce, semi e pesce in scatola sono ricchi di grassi insaturi che forniscono energia a lunga durata. Gli acidi grassi Omega-3, presenti in alcuni semi e pesci, sono particolarmente utili per la concentrazione mentale e la salute cardiovascolare.

Fibra: la fibra proveniente da alimenti come noci, semi e cereali integrali aiuta la digestione e aiuta a mantenere costanti i livelli di zucchero nel sangue. Ciò è particolarmente importante in situazioni stressanti, in cui la salute dell'apparato digerente può essere facilmente compromessa dall'ansia o dalle opzioni alimentari limitate.

Elettroliti: potassio, sodio, calcio e magnesio sono elettroliti che supportano la funzione muscolare e l'idratazione. Questi sono particolarmente vitali in scenari di stress elevato in cui la disidratazione è un rischio. Molti alimenti stabili, come frutta secca, noci e bevande elettrolitiche in polvere, possono aiutare a mantenere equilibrati i livelli di elettroliti.

1.4 Scelta degli alimenti a lunga conservazione

Quando si selezionano gli alimenti per le emergenze, la durata di conservazione è un fattore critico. Gli alimenti con una lunga durata di conservazione riducono la necessità di sostituzioni frequenti, rendendoli più affidabili in situazioni impreviste. La chiave è dare la priorità alle opzioni ricche di nutrienti che possono durare mesi o addirittura anni senza compromettere il valore nutrizionale.

Alcuni suggerimenti per scegliere snack nutrienti e a lunga conservazione includono:

Cerca conservanti naturali: gli alimenti conservati mediante disidratazione, liofilizzazione o sigillatura sotto vuoto conservano i nutrienti senza l'aggiunta di sostanze chimiche. La frutta secca, le verdure essiccate e le verdure liofilizzate sono opzioni eccellenti che offrono sia stabilità sullo scaffale che nutrienti essenziali.

Scegli alimenti con una lavorazione minima: gli alimenti altamente trasformati spesso contengono zuccheri aggiunti, sale e grassi malsani che non contribuiscono alla salute a lungo termine. Opta invece per cibi integrali o minimamente trasformati, come noci, semi e cereali integrali, che mantengono la loro densità di nutrienti e hanno una durata di conservazione più lunga.

Attenzione alle date di scadenza e alla rotazione: controlla periodicamente le date di scadenza degli alimenti conservati e ruota gli articoli secondo necessità. Tenere un registro o un inventario degli snack conservati aiuta a garantire che nulla vada sprecato e che le scorte di cibo rimangano fresche.

Optare per la varietà: includere un mix di proteine, grassi e carboidrati nella conservazione degli alimenti ti garantirà di avere opzioni bilanciate. Questa varietà è essenziale per soddisfare le esigenze nutrizionali e prevenire la "stanchezza alimentare", che può verificarsi quando si limita a pochi tipi di alimenti.

Conclusione

In qualsiasi situazione di emergenza, avere una scorta di alimenti sani e stabili può essere di sostegno alla vita. Selezionando attentamente gli elementi che danno priorità sia alla nutrizione che alla longevità, crei le basi per la resilienza fisica e mentale. Un kit di emergenza ben preparato va oltre il sostentamento di base per supportare te e la tua famiglia nelle sfide che si presentano in tempi imprevedibili.

Capitolo 2

Preparazione agli scenari di emergenza

Prepararsi alle emergenze richiede un'attenta pianificazione e una chiara comprensione delle sfide che le diverse situazioni possono comportare. Dai disastri naturali alle interruzioni prolungate di energia elettrica, ogni scenario presenta ostacoli unici all'accesso e alla conservazione del cibo. Questo capitolo fornisce indicazioni sulla scelta e la conservazione degli alimenti ricchi di nutrienti, sull'organizzazione delle scorte di emergenza e sul mantenimento di un sistema di rotazione sostenibile per mantenere le provviste fresche ed efficaci.

2.1 Tipi di situazioni di emergenza e loro sfide nutrizionali

Le emergenze variano ampiamente e ciascuna tipologia può influenzare in modo diverso le esigenze alimentari e le strategie di conservazione. Comprendere questi scenari aiuta a selezionare gli alimenti che possono resistere in condizioni specifiche e soddisfare le esigenze fisiche richieste.

Disastri naturali (uragani, terremoti, inondazioni): questi eventi possono interrompere le forniture di cibo e acqua, a volte per settimane. Gli alimenti di emergenza dovrebbero essere non deperibili, facili da trasportare e ricchi di nutrienti, poiché l'accesso alla cottura o alla refrigerazione potrebbe essere limitato. Inoltre, gli alimenti ad alto contenuto calorico sono utili per ottenere energia sostenuta durante la pulizia o l'evacuazione.

Interruzioni di corrente prolungate: una perdita di corrente influisce sia sulla conservazione degli alimenti che sulle opzioni di cottura. Quando pianifichi queste situazioni, includi articoli che non richiedono cottura o refrigerazione. I prodotti in scatola, la frutta secca, le noci e la carne secca possono fornire una dieta equilibrata senza fare affidamento sull'elettricità.

Pandemie o quarantene: in situazioni in cui i movimenti sono limitati, è essenziale avere una dispensa ben fornita. Gli alimenti dovrebbero essere nutrienti, facili da conservare a lungo termine e dovrebbero includere un equilibrio di proteine, carboidrati e grassi sani. La capacità di preparare pasti diversi a casa può aiutare a prevenire la "stanchezza del menu" e favorire il benessere generale durante lunghi periodi al chiuso.

Sopravvivenza nella natura selvaggia (escursionismo, campeggio, smarrimento nella natura): quando si affrontano momenti inaspettati all'aria aperta, gli snack leggeri, ipercalorici e stabili sono cruciali. Miscele, burro di noci, pasti disidratati e barrette proteiche sono facili da trasportare e offrono l'energia e i nutrienti necessari per rimanere attivi e vigili.

Ognuna di queste situazioni evidenzia l'importanza di una fornitura alimentare di emergenza versatile e adattabile. Preparandoti a diversi scenari, ti assicuri che la conservazione degli alimenti sia sufficientemente flessibile da soddisfare le tue esigenze, indipendentemente dalle circostanze.

2.2 Impostazione della conservazione degli alimenti di emergenza

La creazione di un sistema di conservazione alimentare di emergenza richiede pianificazione, organizzazione e attenzione sia al valore nutrizionale che alla durabilità. Un sistema di conservazione degli alimenti ben organizzato garantisce che le forniture essenziali siano accessibili e pronte quando necessario.

Scegli un'area di conservazione: seleziona un luogo fresco, asciutto e buio per conservare il cibo, poiché le fluttuazioni di temperatura, l'umidità e l'esposizione alla luce possono ridurre la durata di conservazione di molti articoli. Seminterrati, armadi e contenitori sotto il letto possono fungere da efficaci spazi di stoccaggio. Se possibile, mantenere una temperatura costante inferiore a 24 °C (75 °F) per preservare la qualità del cibo.

Organizza per tipo di alimento e data di scadenza: raggruppa insieme alimenti simili, come cereali, proteine in scatola e snack, per semplificare la gestione dell'inventario. Etichetta ciascun articolo con la data di acquisto e di scadenza e mantieni gli articoli più nuovi sul retro, con quelli più vecchi davanti per una facile rotazione.

Utilizzare contenitori ermetici: il trasferimento degli alimenti in contenitori ermetici, in particolare cereali, fagioli e altri prodotti secchi, può proteggerli da parassiti, umidità e contaminazione. Barattoli di vetro, sacchetti in Mylar o secchi per alimenti con assorbitori di ossigeno sono ideali per prolungare la durata di conservazione.

Separare gli alimenti pronti dagli elementi essenziali per cucinare: in alcune emergenze, cucinare potrebbe non essere possibile. Conservando gli alimenti pronti al consumo in un'area dedicata, ti assicuri che gli alimenti di facile accesso siano immediatamente disponibili in caso di crisi.

Considerare la quantità di stoccaggio in base alle esigenze familiari: conservare cibo sufficiente per sostenere ogni persona nella famiglia per un minimo di due settimane, idealmente più a lungo. Una varietà di alimenti che soddisfano le diverse esigenze e preferenze nutrizionali contribuiranno a mantenere alto il morale e garantire che le esigenze dietetiche di tutti siano soddisfatte.

Stabilire un sistema di conservazione degli alimenti organizzato e affidabile offre tranquillità, sapendo che in caso di emergenza le scorte di cibo sono facilmente accessibili, sicure e progettate per soddisfare le esigenze della tua famiglia.

2.3 Rotazione degli alimenti e gestione della scadenza

Una conservazione efficace degli alimenti non si esaurisce con la scorta; richiede inoltre un sistema di rotazione per mantenere gli oggetti freschi e al sicuro. La rotazione costante degli alimenti non solo riduce gli sprechi, ma garantisce anche che gli articoli conservati siano in condizioni ottimali quando necessario.

Implementare il sistema First-In, First-Out (FIFO): l'approccio FIFO garantisce che gli alimenti più vecchi vengano utilizzati prima di quelli più nuovi. Quando porti nuove forniture, posizionale dietro gli oggetti esistenti. Questa pratica mantiene il cibo fresco e riduce al minimo il rischio di trovare prodotti scaduti quando ne hai più bisogno.

Pianifica controlli regolari dell'inventario: ogni pochi mesi, rivedi la conservazione degli alimenti per verificare le date di scadenza e le condizioni degli articoli. Crea una lista di controllo o utilizza un sistema di tracciamento digitale per registrare la data di scadenza, la quantità e la posizione di ciascun articolo. Questa abitudine ti aiuterà a rimanere aggiornato su quali articoli devono essere consumati o sostituiti.

Regola le quantità in base all'utilizzo e alla scadenza: se ritieni che alcuni alimenti stiano scadendo prima dell'uso, considera di ridurre la quantità di tali articoli nella tua conservazione. Concentrati sullo stoccaggio degli alimenti che vengono regolarmente utilizzati in casa per garantire che le scorte di emergenza rimangano in linea con le preferenze dietetiche della tua famiglia.

Sostituisci tempestivamente gli articoli scaduti: quando rimuovi gli articoli scaduti, sostituiscili immediatamente con altri nuovi per mantenere una fornitura completa. Mantenere un budget limitato per gli aggiornamenti mensili o trimestrali sulla conservazione degli alimenti può rendere questo processo gestibile senza creare tensioni finanziarie.

Con un sistema di rotazione in atto, ti assicuri che le tue scorte alimentari di emergenza rimangano fresche, utilizzabili e gestite in modo efficace a lungo termine. Questo livello di organizzazione consente di evitare sprechi e garantire che ogni articolo rimanga una risorsa vitale.

2.4 Confezionare snack ricchi di nutrienti per diversi scenari

Le esigenze nutrizionali specifiche per le diverse emergenze possono variare, ma concentrarsi su snack ricchi di nutrienti in ogni scenario ne massimizza il valore, supportando l'energia fisica e la resilienza mentale.

Snack portatili ad alta energia: in situazioni che richiedono mobilità o sforzo fisico, come la sopravvivenza nella natura selvaggia o le evacuazioni, prepara snack leggeri e ad alto contenuto calorico. Le miscele di tracce con noci, semi e frutta secca offrono un forte equilibrio di proteine, grassi e zuccheri per un'energia rapida. Anche le barrette proteiche, il burro di noci e i pasti disidratati sono scelte eccellenti per opzioni compatte e ricche di calorie.

Fonti di proteine e grassi stabili: quando la varietà alimentare è limitata, proteine e grassi diventano essenziali per un'energia duratura. Il pesce in scatola, la carne secca, il burro di arachidi e le noci sottovuoto offrono fonti stabili e ricche di proteine che possono essere facilmente conservate per mesi. Questi articoli non solo forniscono energia ma soddisfano anche la fame, rendendoli ideali in situazioni in cui è necessario il razionamento.

Alimenti ricchi di vitamine e minerali: nelle emergenze prolungate, l'accesso ai prodotti freschi è limitato, il che può portare a carenze di vitamine e minerali. Per risolvere questo problema, considera gli snack arricchiti con nutrienti essenziali o quelli naturalmente ricchi di vitamine e minerali, come frutta secca, snack alle alghe e miscele di bevande in polvere che forniscono elettroliti e vitamina C.

Spuntini mirati all'idratazione: la disidratazione è un rischio in molti scenari di emergenza, soprattutto quando l'accesso all'acqua è incerto. Le bevande elettrolitiche in polvere, i pacchetti di acqua di cocco e le zuppe in polvere possono aiutare a mantenere l'idratazione. Inoltre, gli alimenti con un contenuto di acqua più elevato, come frutta e verdura in scatola, possono contribuire all'idratazione fornendo nutrienti essenziali.

Spuntini per il benessere mentale ed emotivo: durante le situazioni di stress elevato, i cibi confortanti che migliorano l'umore e la prontezza mentale possono essere preziosi. Il cioccolato fondente, le bustine di tè e piccole porzioni degli snack preferiti possono fornire un senso di conforto, aiutando a mantenere il morale e la stabilità emotiva.

Preparare una varietà di snack ricchi di nutrienti su misura per diversi scenari ti assicura di essere preparato per una serie di situazioni di emergenza. Concentrandosi su alimenti che offrono un equilibrio di macronutrienti, vitamine, minerali e idratazione, crei un kit di emergenza che supporta la resilienza sia fisica che mentale.

Conclusione

Seguendo queste linee guida, sarai pronto ad affrontare un'ampia gamma di scenari di emergenza con un sistema di conservazione organizzato, nutriente e adattabile. Il tuo kit alimentare di emergenza diventa non solo una fonte di sostentamento, ma anche una risorsa che può aiutarti a sostenerti fisicamente e mentalmente durante qualsiasi crisi.

Capitolo 3

Ingredienti stabili per spuntini sani

Selezionare gli ingredienti giusti per una fornitura alimentare di emergenza è essenziale per garantire sia la nutrizione che la durabilità. Gli alimenti ad alto contenuto di proteine, carboidrati complessi, grassi sani e zuccheri naturali offrono la base migliore per sostenere energia e salute. Questo capitolo tratta gli ingredienti più preziosi e stabili per spuntini sani, offrendo un equilibrio di nutrienti che possono essere conservati a lungo termine senza refrigerazione.

3.1 Opzioni ad alto contenuto proteico: carne secca, frutta secca e semi

Le proteine sono fondamentali per mantenere la massa muscolare, supportare la funzione immunitaria e tenere a bada la fame. In caso di emergenza, gli snack ad alto contenuto proteico sono particolarmente preziosi per sostenere l'energia per lunghi periodi. La carne essiccata, le noci e i semi forniscono proteine concentrate in forme stabili che possono durare mesi, se non anni, se conservate correttamente.

Carne essiccata: il manzo, il tacchino e altri carne secca sono leggeri e compatti, il che li rende una scelta eccellente per spuntini di emergenza ad alto contenuto proteico. La carne secca è ricca di proteine ed è spesso condita per esaltarne il sapore, ma è importante scegliere opzioni con zuccheri e conservanti aggiunti minimi. Cerca marchi che utilizzano processi di essiccazione naturali e carni magre per mantenere basso il contenuto di grassi, prolungando la durata di conservazione e riducendo il rischio di deterioramento.

Noci: mandorle, noci, anacardi e pistacchi sono tutti ricchi di proteine e grassi sani, fornendo una fonte equilibrata di energia. Le noci sono ricche di acidi grassi omega-3, fibre e vari minerali essenziali, rendendole una scelta a tutto tondo per l'alimentazione di emergenza. Per massimizzare la durata di conservazione, conservare le noci in contenitori ermetici e conservarle in un luogo fresco e buio. La messa sottovuoto o la refrigerazione, se disponibile, possono prolungarne ulteriormente la freschezza.

Semi: semi di zucca, semi di girasole, semi di chia e semi di lino offrono proteine vegetali insieme a fibre e grassi sani. I semi sono anche ricchi di vitamine e minerali come magnesio, zinco e ferro, che supportano la salute generale e la funzione immunitaria. Chia e semi di lino, quando aggiunti all'acqua, formano un gel che può aiutare la digestione e fornire idratazione. Conservare i semi in contenitori sigillati o sacchetti di Mylar con assorbitori di ossigeno aiuterà a prevenire che irrancidiscano.

La combinazione di carne secca, noci e semi nel tuo kit di emergenza fornisce una fonte affidabile di proteine e nutrienti essenziali in grado di resistere a tempi di conservazione prolungati.

3.2 Carboidrati complessi: cereali integrali e legumi secchi

I carboidrati complessi sono fondamentali per fornire energia costante e duratura. A differenza dei carboidrati semplici, che possono causare picchi e crolli di zucchero nel sangue, i carboidrati complessi rilasciano glucosio lentamente, aiutando a mantenere livelli di energia stabili. I cereali integrali e i legumi secchi sono alcune delle migliori fonti di carboidrati complessi, poiché sono ricchi di nutrienti, versatili e hanno una durata di conservazione impressionante.

Cereali integrali: avena, quinoa, riso integrale e orzo sono ricchi di fibre e forniscono un'ampia gamma di vitamine e minerali, comprese le vitamine del gruppo B, che supportano il metabolismo energetico. L'avena, in particolare, può essere consumata cruda o con una cottura minima, rendendola un'opzione conveniente per le emergenze. La quinoa è un'altra scelta eccellente grazie al suo contenuto proteico e al profilo aminoacidico completo. Per preservare questi grani, conservarli in contenitori ermetici o sacchetti di Mylar con assorbitori di ossigeno.

Legumi secchi: lenticchie, ceci, fagioli neri e piselli spezzati sono ottime fonti sia di proteine che di carboidrati complessi. I legumi sono anche ricchi di fibre, che aiutano la digestione e aiutano a controllare i livelli di zucchero nel sangue. Mentre i legumi secchi in genere richiedono cottura, alcuni possono essere messi a bagno o germogliati per ridurre i tempi di cottura o consumati crudi. Conservare i legumi secchi in luoghi freschi e bui e in contenitori sigillati ne prolungherà significativamente la durata.

Cereali integrali e legumi aggiungono profondità nutrizionale alla tua scorta alimentare di emergenza, fornendo energia sia immediata che sostenuta per compiti fisici e mentali.

3.3 Grassi sani: burro di noci, olio di cocco e semi

I grassi sani sono essenziali per l'energia, la funzione cerebrale e la salute ormonale. I grassi forniscono più del doppio dell'energia per grammo rispetto ai carboidrati o alle proteine, rendendoli preziosi in caso di emergenza quando gli alimenti ad alto contenuto calorico sono essenziali. Il burro di noci, l'olio di cocco e vari semi offrono fonti di grassi stabili e ricche di sostanze nutritive che possono essere conservate a lungo termine.

Burro di noci: il burro di arachidi, il burro di mandorle e altri burri di noci non sono solo ricchi di grassi sani, ma forniscono anche proteine e fibre. Questi burri sono facili da conservare, non richiedono refrigerazione una volta aperti e possono essere consumati da soli o spalmati su altri alimenti. Quando selezioni il burro di noci per la conservazione, scegli opzioni naturali senza zuccheri aggiunti o conservanti, poiché tendono ad avere una durata di conservazione più lunga. Conservare in un luogo fresco e buio per evitare che gli oli diventino rancidi.

Olio di cocco: l'olio di cocco è uno degli oli più stabili disponibili, con un'elevata resistenza all'ossidazione. Può durare per anni senza refrigerazione, soprattutto se conservato in un luogo fresco e buio. L'olio di cocco fornisce grassi saturi, che possono essere rapidamente metabolizzati in energia. Ha anche una varietà di usi oltre la nutrizione, incluso come protettore della pelle e aiuto in cucina.

Semi come fonte di grassi: oltre al loro contenuto proteico, semi come semi di lino, semi di chia e semi di canapa contengono preziosi acidi grassi omega-3, essenziali per la salute del cervello e la funzione cardiovascolare. Questi semi possono essere aggiunti agli snack, mescolati con acqua per creare un gel o consumati crudi. Per una freschezza ottimale, conservare i semi in contenitori ermetici o sacchetti sottovuoto.

Includere grassi sani nelle scorte di emergenza aggiunge la densità energetica tanto necessaria e promuove la sazietà, assicurandoti di rimanere alimentato e concentrato durante le emergenze prolungate.

3.4 Dolcificanti naturali: frutta secca e miele

I dolcificanti naturali forniscono energia rapida e aggiungono varietà alla tua scorta alimentare di emergenza. A differenza degli zuccheri trasformati, i dolcificanti naturali come la frutta secca e il miele contengono anche vitamine, minerali e antiossidanti essenziali. Questi articoli possono soddisfare l'appetito, supportare la salute immunitaria e offrire comode fonti di energia per situazioni impegnative.

Frutta secca: la frutta secca come uvetta, albicocche, fichi e datteri è ricca di zuccheri naturali, fibre e varie vitamine, tra cui vitamina C e potassio. Questi frutti offrono energia rapida, mentre il loro contenuto di fibre aiuta a regolare lo zucchero nel sangue e supporta la digestione. La frutta secca ha una lunga durata se conservata correttamente in contenitori ermetici e tenuta lontana da umidità e calore.

Costituiscono anche un'ottima aggiunta ai mix di tracce e ad altri snack ad alto contenuto energetico.

Miele: il miele è uno dei dolcificanti più stabili disponibili, noto per le sue proprietà antibatteriche naturali e la durata di conservazione indefinita. Fornisce un rapido apporto energetico e può essere aggiunto ad altri alimenti o consumato da solo. Il miele ha anche potenziali benefici terapeutici, tra cui lenitivo mal di gola e tagli minori. Conservare il miele in un contenitore ermeticamente chiuso a temperatura ambiente per evitare la cristallizzazione.

Buccia di frutta e patatine di frutta disidratata: queste opzioni sono convenienti per gli spuntini e possono essere preparate con vari frutti. Le pelli di frutta offrono zuccheri naturali concentrati e possono essere facilmente confezionate per il consumo in movimento. Le patatine di frutta disidratata sono leggere, croccanti e un'ottima aggiunta a qualsiasi mix di snack di emergenza. Conservateli in sacchetti o contenitori sigillati per mantenerli freschi.

L'aggiunta di dolcificanti naturali alla tua scorta alimentare migliora sia i livelli di energia che la varietà di sapori, assicurandoti di avere fonti di glucosio rapido quando necessario senza fare affidamento sugli zuccheri trasformati.

Conclusione

Questi ingredienti stabili – alimenti ad alto contenuto proteico, carboidrati complessi, grassi sani e dolcificanti naturali – costituiscono una base completa per gli spuntini di emergenza. Scegliendo opzioni ad alto contenuto nutritivo e con una lunga durata di conservazione, puoi creare una fornitura alimentare affidabile e sana che supporti energia, lucidità mentale e resilienza generale in qualsiasi situazione di emergenza.

46

Capitolo 4

Snack di emergenza fai da te

Preparare i tuoi spuntini di emergenza ti garantisce opzioni personalizzate e ricche di nutrienti che soddisfano le tue preferenze ed esigenze dietetiche. Gli snack fatti in casa come barrette energetiche, miscele di tracce, frutta disidratata e grappoli di noci sono facili da preparare, ricchi di nutrienti e ideali per la conservazione a lungo termine. Questo capitolo illustra gli elementi essenziali per creare snack durevoli e sani in grado di fornire energia sostenuta e nutrienti essenziali durante le emergenze.

4.1 Barrette energetiche e bocconcini proteici

Le barrette energetiche e i bocconcini proteici sono convenienti, compatti e ricchi di calorie, il che li rende ideali per le situazioni in cui l'energia è necessaria rapidamente. Sono facili da preparare con ingredienti semplici e possono essere conservati per settimane o addirittura mesi se preparati e confezionati correttamente.

Ingredienti di base: una tipica ricetta di barretta energetica o spuntino proteico include una base proteica (come burro di noci o proteine in polvere), una fonte di carboidrati (come avena o frutta secca) e un legante (come miele o datteri). L'aggiunta di semi, cocco e gocce di cioccolato fondente migliora sia il sapore che la nutrizione.

Consigli per la preparazione: Mescolare tutti gli ingredienti finché non saranno ben amalgamati, quindi versare il composto in una teglia e conservare in frigorifero fino a quando non sarà solido. Per i bocconcini proteici, basta arrotolare il composto in piccole palline delle dimensioni di un boccone. Conservare barrette energetiche e bocconcini proteici in contenitori ermetici o avvolgerli singolarmente in carta oleata aiuta a prolungarne la durata.

Durata di conservazione e conservazione: per una conservazione prolungata, valuta la possibilità di sigillare sottovuoto le barrette o i bocconcini e di congelarli fino al momento dell'uso. Sebbene siano stabili per diverse settimane a temperatura ambiente, la refrigerazione o il congelamento li manterranno freschi per mesi.

Le barrette energetiche e i bocconcini proteici sono snack versatili che possono essere adattati ai gusti individuali e alle esigenze nutrizionali, garantendoti di avere opzioni ad alto contenuto energetico pronte in un attimo.

4.2 Variazioni del mix di tracce

Il Trail Mix è uno spuntino classico per le emergenze, poiché è leggero, ricco di calorie e facile da personalizzare. La combinazione di noci, semi, frutta secca e talvolta cioccolato o cocco crea un mix equilibrato di proteine, grassi e zuccheri che fornisce energia sostenuta.

Mix di tracce classico: un mix di tracce base di solito include mandorle, arachidi, semi di girasole, uvetta e alcuni pezzi ricoperti di cioccolato o yogurt per un pizzico di dolcezza. Questa combinazione bilancia proteine, grassi e carboidrati per uno spuntino ideale.

Mix salato: per un'opzione meno dolce, prova a mescolare ceci tostati, noci speziate e semi di zucca salati. L'aggiunta di erbe o spezie, come rosmarino, paprika affumicata o peperoncino in polvere, conferisce al mix un tocco di sapore senza fare affidamento sullo zucchero.

Mix di tracce ad alto contenuto proteico: includi alimenti ricchi di proteine come edamame, pepitas tostate e semi di canapa.

Questo mix è ideale per attività prolungate che richiedono un supporto muscolare extra, poiché l'alto contenuto proteico aiuta a prevenire la disgregazione muscolare e favorisce il recupero.

Misto di frutta e noci: combina anacardi, mirtilli rossi essiccati, mango essiccato e scaglie di cocco per un mix ricco di grassi sani, antiossidanti e zuccheri naturali. Questa è la scelta ideale per mantenere l'energia e migliorare la chiarezza mentale durante le situazioni stressanti.

Suggerimenti per la preparazione e conservazione

Per preparare una grande quantità di mix di tracce, distribuire uniformemente tutti gli ingredienti su una teglia e cuocere leggermente a bassa temperatura per rimuovere l'eventuale umidità residua, che aiuta a prevenire la muffa. Una volta raffreddato, conservare la miscela in contenitori ermetici, sacchetti sottovuoto o sacchetti Mylar con assorbitori di ossigeno per la conservazione a lungo termine.

I mix di tracce sono perfetti per le emergenze perché non richiedono preparazione e possono essere consumati in viaggio, fornendo un rapido apporto energetico senza conservanti aggiunti o ingredienti artificiali.

4.3 Frutta e verdura disidratata

Disidratare frutta e verdura è un modo efficace per preservarne i nutrienti, prolungarne la durata di conservazione e creare snack portatili e leggeri. Gli alimenti disidratati mantengono gran parte del loro sapore originale e possono essere gustati da soli o reidratati per cucinare.

Frutta da disidratare: mele, banane, fragole, mango e ananas sono alcuni dei frutti migliori per la disidratazione. I loro zuccheri naturali li rendono uno spuntino gustoso e forniscono vitamine e antiossidanti essenziali che possono rafforzare l'immunità durante le emergenze.

Verdure da disidratare: verdure come carote, peperoni, pomodori e cavoli sono ricche di nutrienti e aggiungono varietà alle tue opzioni di snack. Le verdure disidratate possono essere consumate come patatine croccanti o utilizzate in zuppe e stufati se reidratate.

Processo di preparazione e disidratazione: affettare frutta e verdura sottilmente per garantire un'essiccazione uniforme, quindi disporle su vassoi disidratatori o teglie da forno in un unico strato. Disidratare a bassa temperatura (di solito tra 120 e 140 ° F) per diverse ore fino a quando tutta l'umidità non viene rimossa. Una corretta disidratazione garantisce che gli snack siano stabili a scaffale e abbiano meno probabilità di deteriorarsi.

Consigli per la conservazione: una volta disidratati, lasciare raffreddare completamente la frutta e la verdura prima di riporla. Mettili in contenitori ermetici, sacchetti sottovuoto o sacchetti Mylar con assorbitori di ossigeno per prolungarne la durata. Conservate correttamente, frutta e verdura disidratate possono durare diversi mesi o addirittura anni.

Gli snack disidratati sono compatti e ricchi di sostanze nutritive, il che li rende un'ottima aggiunta a qualsiasi scorta alimentare di emergenza. Forniscono vitamine, minerali e fibre fondamentali per mantenere la salute e l'energia in situazioni di crisi.

4.4 Grappoli di noci e semi

I grappoli di noci e semi sono ricchi di grassi sani, proteine e fibre, che li rendono uno spuntino soddisfacente ed energizzante. Questi grappoli possono essere dolci o salati e offrono una croccantezza che manca a molti altri snack di emergenza.

Ingredienti di base: per creare grappoli, mescolare noci (come mandorle, anacardi o noci pecan) e semi (come semi di zucca, girasole o chia) con un agente legante come miele o sciroppo d'acero. Aggiungi spezie, come la cannella per una versione dolce o la paprika affumicata per una versione salata.

Consigli per la preparazione: preriscaldare il forno a 180°C. In una ciotola, unisci noci e semi con il legante e le spezie scelti fino a ricoprirli uniformemente. Stendete il composto su una teglia rivestita di carta da forno e infornate per 20-30 minuti, mescolando a metà cottura per garantire una tostatura uniforme. Lasciare raffreddare completamente i grappoli prima di romperli in pezzetti.

Conservazione: una volta raffreddati, conservare i grappoli in contenitori ermetici o in sacchetti sottovuoto per prevenire l'umidità e mantenere la freschezza. Questi grappoli rimarranno stabili per diverse settimane a temperatura ambiente e possono durare anche più a lungo se conservati in un luogo fresco e asciutto.

I grappoli di noci e semi sono uno spuntino semplice e ricco di nutrienti che offre una combinazione soddisfacente di croccantezza, sapore ed energia. Sono facili da realizzare in grandi lotti e possono essere personalizzati per soddisfare i gusti individuali.

Conclusione

Gli snack di emergenza fai-da-te come barrette energetiche, miscele di tracce, frutta disidratata e grappoli di noci forniscono nutrimento essenziale e una lunga durata di conservazione, aiutandoti a mantenere salute ed energia in situazioni difficili. Preparando questi snack in anticipo, ti assicuri che il tuo kit di emergenza includa alimenti nutrienti e piacevoli, che supportino la resilienza fisica e il benessere mentale in qualsiasi crisi.

Capitolo 5

Opzioni di snack di emergenza già pronti

Fare scorta di snack di emergenza già pronti può farti risparmiare tempo e fatica, assicurandoti allo stesso tempo di avere a portata di mano opzioni alimentari veloci e ricche di nutrienti. Questi snack prodotti commercialmente sono progettati per praticità, lunga durata e contenuto nutritivo affidabile, rendendoli preziosi complementi per qualsiasi conservazione alimentare di emergenza. Questo capitolo evidenzia i principali snack già pronti che sono durevoli, ricchi di calorie e richiedono una preparazione minima o nulla, rendendoli ideali per le situazioni di emergenza.

5.1 Snack bar disponibili in commercio

Gli snack bar sono una delle opzioni già pronte più popolari per la conservazione degli alimenti in caso di emergenza, grazie alla loro portabilità, alta densità energetica e durata di conservazione prolungata. Quando selezioni gli snack bar per le emergenze, cerca opzioni che forniscano un'alimentazione equilibrata senza zuccheri eccessivi o ingredienti artificiali.

Barrette proteiche: le barrette proteiche sono specificatamente formulate per fornire alti livelli di proteine, che aiutano a sostenere la massa muscolare e supportano la funzione immunitaria. Scegli barrette che contengano almeno 10-15 grammi di proteine e con una minima aggiunta di zuccheri. Alcuni marchi di barrette proteiche di qualità utilizzano ingredienti integrali come noci, semi e dolcificanti naturali, rendendoli nutrienti e sazianti.

Barrette energetiche: le barrette energetiche, spesso a base di avena, frutta secca e miele, sono ottime fonti di carboidrati a rilascio rapido. Sebbene le barrette energetiche possano contenere meno proteine, forniscono vitamine e minerali essenziali, rendendole una buona scelta per alimentare l'attività fisica e mantenere livelli di energia stabili.

Barrette sostitutive del pasto: le barrette sostitutive del pasto contengono più calorie, grassi, proteine e nutrienti essenziali rispetto alle normali barrette snack, rendendole adatte a sostituire pasti completi quando le risorse sono limitate. Queste barrette possono essere conservate in kit di emergenza e forniscono un'opzione affidabile per le situazioni in cui cucinare o preparare altri alimenti non è pratico.

Le barrette snack sono versatili e facili da razionare e offrono una fonte affidabile di energia rapida in scenari di emergenza.

Assicurati di conservarli in un luogo fresco e asciutto per preservarne la durata, poiché alcune barrette proteiche e sostitutive dei pasti possono contenere ingredienti sensibili al calore.

5.2 Pasti e snack liofilizzati

I pasti e gli spuntini liofilizzati sono un'opzione ideale per la preparazione alle emergenze grazie alla loro lunga durata e alla ritenzione dei nutrienti. La liofilizzazione rimuove quasi tutta l'umidità dal cibo, consentendogli di rimanere stabile per diversi anni se conservato correttamente. Mentre alcuni alimenti liofilizzati richiedono reidratazione, molti sono pronti da mangiare così come sono.

Frutta e verdura liofilizzata: la frutta liofilizzata come fragole, mirtilli e mele è leggera, ricca di nutrienti e ricca di zuccheri naturali che forniscono energia rapida. Verdure come piselli, mais e peperoni sono disponibili anche liofilizzate e possono essere consumate come snack o reidratate e aggiunte ai pasti. Queste opzioni conservano gran parte dei nutrienti e del sapore originali, rendendole una preziosa aggiunta ai kit di emergenza.

Carni liofilizzate e fonti proteiche: per quanto riguarda le proteine, le opzioni liofilizzate come pollo, manzo e uova sono disponibili in confezioni sigillate. Queste carni possono essere reidratate per i pasti o, in alcuni casi, consumate direttamente. Le carni liofilizzate sono un ottimo modo per garantire l'apporto proteico durante le emergenze quando potrebbe non essere disponibile carne fresca o refrigerata.

Pasti completi liofilizzati: molte aziende offrono pasti completi liofilizzati, come piatti di pasta, stufati o ciotole di riso, che richiedono solo acqua calda per la reidratazione. Questi pasti sono convenienti per le situazioni di emergenza poiché forniscono un'alimentazione equilibrata e sono facili da preparare. I pasti completi liofilizzati vengono generalmente forniti in sacchetti o contenitori sigillati, che possono mantenerli stabili sugli scaffali fino a 25 anni se conservati correttamente.

I pasti e gli spuntini liofilizzati sono versatili e robusti dal punto di vista nutrizionale e forniscono una fonte affidabile di energia e nutrienti essenziali quando l'accesso al cibo fresco è limitato.

5.3 Alimenti in scatola e sottovuoto

Gli alimenti in scatola e sottovuoto sono componenti preziosi di qualsiasi conservazione alimentare di emergenza. Sono durevoli, resistenti ai fattori ambientali e forniscono una gamma di nutrienti che possono supportare un'alimentazione equilibrata durante le emergenze. Queste opzioni non richiedono refrigerazione, il che le rende facili da conservare e utilizzare quando necessario.

Carne e pesce in scatola: le carni in scatola come tonno, salmone, pollo e manzo sono ottime fonti di proteine e possono essere utilizzate come snack o incorporate nei pasti. I pesci in scatola come il salmone e le sardine forniscono anche grassi sani, inclusi gli acidi grassi omega-3, essenziali per la salute del cervello e la funzione cardiovascolare. Cerca opzioni a basso contenuto di sodio per prevenire un'eccessiva assunzione di sale.

Frutta e verdura in scatola: la frutta e la verdura in scatola sono ricche di nutrienti e forniscono fibre, vitamine e minerali essenziali per la salute. La frutta in scatola nel proprio succo o acqua è preferibile a quella in scatola sciroppata, poiché contiene meno zuccheri aggiunti. Le verdure in scatola come carote, fagiolini e pomodori sono facili da aggiungere ai pasti e offrono nutrienti vitali che potrebbero mancare in altri alimenti di emergenza.

Opzioni di snack sottovuoto: alcune aziende offrono opzioni sottovuoto per noci, frutta secca e persino uova sode. La sigillatura sottovuoto prolunga la durata di conservazione rimuovendo l'aria, che rallenta l'ossidazione e il deterioramento. Le confezioni sottovuoto di noci e frutta secca costituiscono ottimi spuntini ricchi di proteine, grassi sani e fibre, mentre le uova sottovuoto possono fornire una buona fonte di proteine e vitamine essenziali.

Gli alimenti in scatola e sottovuoto forniscono stabilità e varietà, garantendo l'accesso a diversi nutrienti. Possono essere conservati per periodi prolungati in un luogo fresco e buio, offrendo una rete di sicurezza essenziale per la nutrizione di emergenza.

5.4 Snack in buste e burro di noci confezionato

Le buste per snack e il burro di noci confezionato sono compatti, durevoli e ricchi di nutrienti, il che li rende ideali per le situazioni di emergenza. Queste confezioni monodose sono facili da razionare, trasportare e consumare, fornendo energia e nutrienti essenziali con una preparazione minima.

Buste di frutta e salsa di mele: le buste di frutta monodose, come la salsa di mele o le miscele di frutta mista, sono una comoda fonte di carboidrati e zuccheri naturali. Queste buste sono generalmente stabili sugli scaffali e non richiedono refrigerazione, il che le rende facili da riporre nei kit di emergenza. Scegli varietà senza zuccheri aggiunti per massimizzare il contenuto nutrizionale naturale.

Pacchetti di burro di noci: i burri di noci come quello di mandorle, arachidi e anacardi sono ricchi di proteine, grassi sani e calorie, rendendoli uno spuntino prezioso per un'energia sostenuta. Molte aziende offrono confezioni monodose di burro di noci facili da conservare e consumare in movimento. Anche i pacchetti di burro di noci sono versatili e possono essere aggiunti ad altri snack come cracker o salsa di mele per un pasto più sostanzioso.

Buste di farina d'avena e cereali pronti da mangiare: alcune aziende offrono buste di farina d'avena e cereali integrali che richiedono acqua minima o possono anche essere consumate direttamente dalla busta. Queste opzioni forniscono fibre e carboidrati complessi, aiutando a mantenere i livelli di energia nel tempo. Cerca varietà che includano noci, semi o frutta secca aggiunti per un'ulteriore nutrizione.

Le buste per snack e il burro di noci confezionato sono portatili, ricchi di calorie e facili da razionare, fornendo un modo conveniente per soddisfare le esigenze di nutrienti essenziali in caso di emergenza.

Conclusione

Gli spuntini di emergenza già pronti come barrette, cibi liofilizzati, prodotti in scatola e buste confezionate sono preziosi per la preparazione alle emergenze. Queste opzioni offrono un'ampia varietà di sapori, nutrienti e fonti di energia che possono sostenere la resistenza fisica e mentale durante le situazioni di crisi. Combinandoli con opzioni fatte in casa, puoi creare una fornitura alimentare di emergenza completa che soddisfi le esigenze nutrizionali e offra conforto durante i momenti difficili.

Capitolo 6

Spuntini ipercalorici per fabbisogni energetici elevati

Durante le emergenze, quando lo sforzo fisico e i livelli di stress possono essere elevati, gli alimenti ad alto contenuto calorico sono essenziali per mantenere la resistenza, la concentrazione mentale e la resilienza fisica. Gli snack ad alto contenuto calorico offrono fonti compatte di energia e possono essere razionati per sostenere i livelli di energia durante il giorno. Questo capitolo si concentra sulle opzioni ad alto contenuto calorico come barrette a base di noci, cioccolato fondente, miscele di tracce e combinazioni di proteine, grassi e fibre che garantiscono un rilascio prolungato di energia.

6.1 Barrette e burro a base di noci

Le noci sono tra gli alimenti più ricchi di calorie disponibili, poiché racchiudono nutrienti essenziali come proteine, grassi sani e fibre in piccole porzioni portatili. Le barrette e il burro di noci a base di noci sono eccellenti fonti di energia sostenuta e sono ideali per situazioni che richiedono resistenza e concentrazione.

Snack bar a base di noci: queste barrette sono realizzate principalmente con ingredienti come mandorle, anacardi, arachidi e semi. Spesso contengono frutta secca e dolcificanti naturali come il miele, che aggiungono sapore e carboidrati che aumentano l'energia. Gli snack a base di noci sono in genere ricchi di calorie, ciascuna barretta fornisce dalle 200 alle 300 calorie. Cerca barrette con additivi minimi e ingredienti di alta qualità per garantire un valore nutrizionale ottimale. I marchi che mettono in risalto noci intere, semi e ingredienti semplici sono preferibili per la conservazione di emergenza.

Burro di noci: le confezioni monodose di burro di mandorle, arachidi e anacardi sono facili da conservare e possono essere consumate da sole o combinate con altri snack. I burri di noci sono una fonte concentrata di proteine e grassi sani, che li rendono ideali per ottenere energia rapidamente. Una porzione standard di burro di noci contiene circa 180-200 calorie e un equilibrio di proteine, grassi e fibre. Per la conservazione di emergenza, cerca confezioni sottovuoto o monodose progettate per rimanere fresche senza refrigerazione.

Gli snack a base di noci forniscono nutrienti essenziali lenti da digerire, fornendo energia costante senza aumentare i livelli di zucchero nel sangue. Ciò li rende ideali per i fabbisogni energetici elevati durante l'attività fisica prolungata o le situazioni stressanti.

6.2 Densità calorica in piccole confezioni: cioccolato fondente, Trail Mix e altro

Gli snack ad alto contenuto calorico come il cioccolato fondente e il mix di tracce offrono energia rapida e concentrata in piccole porzioni, rendendoli pratici per le situazioni in cui lo spazio e il peso sono problemi. Questi alimenti sono facili da confezionare, conservare e consumare, fornendo sia nutrienti che una spinta morale nei momenti difficili.

Cioccolato fondente: il cioccolato fondente, in particolare le varietà contenenti il 70% di cacao o superiore, è ricco di grassi sani, antiossidanti e quantità moderate di zucchero, che lo rendono un'ottima fonte di energia rapida. Il cioccolato fondente ha una durata di conservazione più lunga rispetto al cioccolato al latte grazie al suo minor contenuto di zucchero e latte ed è anche meno probabile che si sciolga a temperature più elevate. Ogni oncia di cioccolato fondente contiene circa 150 calorie, con un equilibrio di carboidrati, grassi e antiossidanti che può migliorare l'umore e aumentare la vigilanza. Per lo stoccaggio di emergenza, i quadratini di cioccolato fondente confezionati singolarmente sono facili da razionare e mantenere freschi.

Trail Mix: il Trail Mix combina noci, semi, frutta secca e talvolta cioccolato fondente o scaglie di cocco per fornire una varietà di macronutrienti. È uno spuntino conveniente e personalizzabile che fornisce sia carboidrati a rilascio rapido (da frutta secca) sia energia sostenuta (da noci e semi). Una porzione tipica di trail mix (circa 1/4 di tazza) contiene circa 200 calorie, con quantità equilibrate di grassi, proteine e fibre. Per i kit di emergenza, opta per miscele di tracce preconfezionate con conservanti minimi e senza zuccheri aggiunti.

Bastoncini di formaggio e carne: bastoncini di formaggio e carne preconfezionati (come carne secca o bastoncini di salame confezionati singolarmente) sono snack ricchi di proteine e ricchi di grassi. Questi snack sono facili da conservare, hanno una lunga durata e forniscono una fonte compatta di calorie. Ogni stick contiene in genere circa 100-150 calorie, con un alto contenuto proteico che supporta il mantenimento muscolare e la produzione di energia.

Questi snack ad alto contenuto calorico sono pratici per gli scenari di emergenza, poiché possono essere consumati in viaggio e forniscono una rapida spinta sia all'energia che al morale. Compatti e facili da razionare, sono preziose aggiunte a qualsiasi programma di snack ipercalorici.

6.3 Combinare proteine, grassi e fibre per ottenere energia a lunga durata

Per un'energia sostenuta, la giusta combinazione di proteine, grassi e fibre è fondamentale. Le proteine riparano i tessuti e supportano la funzione metabolica, i grassi forniscono una fonte di carburante a lunga durata e le fibre aiutano a regolare lo zucchero nel sangue e a mantenere la sazietà. In situazioni di emergenza, queste combinazioni possono mantenere stabili i livelli di energia per periodi prolungati.

Burri proteici e di noci con cracker integrali: i burri di noci, se abbinati a cracker integrali o torte di riso, offrono una combinazione di proteine, carboidrati complessi e grassi sani. Questo abbinamento fornisce sia energia a rilascio rapido dai cracker che energia sostenuta dal burro di noci. Ogni porzione contiene circa 250 calorie, a seconda della porzione, e fornisce la fibra necessaria per favorire la sazietà e rallentare il rilascio dei carboidrati nel flusso sanguigno.

Grappoli di yogurt greco e noci (a scaffale): per un'opzione stabile a scaffale che combina proteine, grassi e fibre, cerca pacchetti di yogurt greco liofilizzato o stabile a scaffale abbinato a grappoli di noci. Questi snack forniscono un profilo macronutriente equilibrato e sono ricchi di probiotici, che supportano la digestione e la funzione immunitaria. Molti grappoli di noci preconfezionati contengono circa 200 calorie per porzione, mentre i pacchetti di yogurt greco possono variare da 100 a 150 calorie.

Pacchetti di budino di chia: il budino di semi di chia preconfezionato o gli snack a base di chia sono ricchi di fibre, proteine e acidi grassi omega-3. I semi di chia assorbono l'acqua, creando una consistenza gelatinosa che è allo stesso tempo idratante e riempitiva. Molte confezioni di budino di chia sono stabili e forniscono da 150 a 200 calorie per porzione. Questi snack sono facilmente digeribili e forniscono una fonte di energia a lento rilascio, rendendoli adatti a situazioni che richiedono una resistenza prolungata.

La combinazione di proteine, grassi e fibre in un unico spuntino crea una fonte equilibrata di energia in grado di sostenere le prestazioni fisiche e mentali. Queste combinazioni aiutano a evitare il "crollo degli zuccheri" che può derivare da snack ricchi di carboidrati semplici e assicurano che l'energia venga rilasciata gradualmente, prevenendo improvvisi cali dei livelli di zucchero nel sangue.

Conclusione

Gli snack ipercalorici sono una componente essenziale di qualsiasi piano alimentare di emergenza, soprattutto quando sono richiesti sforzo fisico e resilienza mentale. Barrette a base di noci, cioccolato ad alto contenuto calorico e combinazioni equilibrate di proteine, grassi e fibre forniscono l'energia sostenuta necessaria per sopportare condizioni difficili. Con un'attenta pianificazione, questi snack possono aiutare a mantenere la forza, la

concentrazione e la stabilità quando è più
necessario.

78

Capitolo 7

Spuntini per esigenze dietetiche speciali

Le situazioni di emergenza richiedono una preparazione attenta, soprattutto per chi ha esigenze dietetiche specifiche. Le persone con sensibilità al glutine, intolleranza al lattosio, diete vegane o condizioni come il diabete potrebbero trovare difficile soddisfare i loro bisogni nutrizionali con il cibo di emergenza convenzionale. Questo capitolo si concentra sulla soddisfazione di queste esigenze con opzioni di snack senza glutine, senza latticini, vegani, a basso contenuto di sodio, salutari per il cuore e adatti ai diabetici che forniscono un'alimentazione equilibrata rispettando le restrizioni dietetiche.

7.1 Snack di emergenza senza glutine

Le diete prive di glutine sono essenziali per chi soffre di celiachia o sensibilità al glutine. Gli spuntini di emergenza senza glutine assicurano che questi individui ricevano un'alimentazione adeguata senza innescare reazioni avverse. Quando si scelgono opzioni senza glutine, è importante verificare che gli snack siano certificati senza glutine e prodotti in strutture che impediscono la contaminazione incrociata.

Barrette proteiche senza glutine: molte aziende offrono barrette proteiche senza glutine con un mix equilibrato di proteine, grassi e carboidrati. Sono ideali le barrette a base di noci, semi e cereali senza glutine come l'avena o la quinoa. Scegli barrette ad alto contenuto di fibre e a basso contenuto di zuccheri aggiunti per fornire energia a lunga durata.

Torte di riso e burro di noci: le torte di riso a base di riso integrale sono prive di glutine e si abbinano bene con il burro di noci, che fornisce grassi e proteine essenziali. Questa combinazione è facilmente conservabile e offre uno spuntino equilibrato e abbondante. Le torte di riso sono leggere, ipocaloriche e senza glutine, il che le rende un'opzione pratica per i kit di emergenza.

Cracker e carne secca senza glutine: i cracker senza glutine, a base di semi o cereali senza glutine come riso e quinoa, sono un'opzione conveniente da abbinare a burro di noci, formaggi o carne secca. La carne secca di alta qualità e senza glutine (manzo, tacchino o opzioni a base vegetale) fornisce uno spuntino ricco di proteine senza alcun rischio di contaminazione da glutine.

Gli snack di emergenza senza glutine garantiscono un apporto costante di energia e nutrimento soddisfacendo al tempo stesso le esigenze specifiche di coloro che devono evitare il glutine.

7.2 Opzioni senza latticini e vegane

Per le persone che evitano i prodotti animali o sono intolleranti al lattosio, è essenziale avere a disposizione snack vegani e senza latticini in situazioni di emergenza. Questi snack possono fornire lo stesso livello di nutrimento senza fare affidamento su ingredienti lattiero-caseari o di derivazione animale.

Barrette proteiche a base vegetale: molte barrette proteiche sono ora disponibili con proteine vegetali provenienti da fonti come piselli, canapa e riso integrale. Queste barrette contengono spesso fibre aggiunte, noci, semi e frutta secca, fornendo un'opzione vegana equilibrata per l'alimentazione di emergenza. Cerca barrette prive di additivi artificiali e zuccheri eccessivi.

Frutta e verdura disidratata: la frutta disidratata come mango, mela e albicocca, così come gli snack vegetali come patate dolci o patatine di barbabietola, sono senza latticini, vegani e ricchi di sostanze nutritive. Questi snack sono leggeri, stabili a scaffale e forniscono vitamine e minerali essenziali senza bisogno di refrigerazione.

Grappoli di noci e semi: i grappoli di noci e semi sono un'opzione ricca di nutrienti e stabile a scaffale per le diete vegane e prive di latticini. Questi cluster sono ricchi di proteine, fibre e grassi sani, fornendo energia sostenuta. Le opzioni con chia, girasole, semi di zucca e mandorle sono sazianti e altamente nutrienti.

Le opzioni vegane e senza latticini possono essere ricche di nutrienti e facili da conservare, garantendo a chi ha restrizioni dietetiche l'accesso a snack diversi ed equilibrati.

7.3 Scelte a basso contenuto di sodio e salutari per il cuore

Gli alimenti ad alto contenuto di sodio possono comportare rischi per chi soffre di patologie cardiache o di ipertensione, in particolare in situazioni stressanti in cui la pressione sanguigna potrebbe già essere elevata. Gli snack a basso contenuto di sodio offrono opzioni salutari per il cuore che forniscono nutrienti essenziali senza sale in eccesso.

Noci e semi non salati: noci e semi forniscono una combinazione di proteine, grassi sani e fibre, rendendoli un alimento base negli spuntini di emergenza salutari per il cuore. Cerca varietà non salate di mandorle, noci e semi di girasole, che contengono acidi grassi omega-3 benefici e sono naturalmente a basso contenuto di sodio.

Pesce in scatola a basso contenuto di sodio: pesci come il salmone e le sardine sono ricchi di acidi grassi omega-3, che supportano la salute del cuore. Il pesce in scatola a basso contenuto di sodio è un'opzione pratica per la conservazione di emergenza, poiché offre proteine e grassi essenziali senza un elevato contenuto di sodio. Scegli varietà confezionate in acqua per mantenere bassi i livelli di sodio.

Frutta secca: la frutta secca come albicocche, uvetta e mele è naturalmente povera di sodio e ricca di fibre, vitamine e antiossidanti. La frutta secca può essere gustata da sola o combinata con la frutta secca per un mix salutare per il cuore. Scegli varietà non zuccherate per evitare zuccheri aggiunti.

Cracker integrali e burro di noci: i cracker integrali a basso contenuto di sodio con burro di noci non zuccherato forniscono uno spuntino soddisfacente ricco di fibre, proteine e grassi sani. Cerca cereali integrali come riso integrale o quinoa nei cracker ed evita le varietà con aggiunta di sale o conservanti.

Gli spuntini a basso contenuto di sodio sono fondamentali per le persone con problemi cardiaci, garantendo loro di poter mantenere un'alimentazione equilibrata senza i rischi associati agli alimenti ad alto contenuto di sodio.

7.4 Snack per diabetici e gestione della glicemia

Per chi gestisce il diabete, è essenziale consumare spuntini che aiutino a mantenere stabili i livelli di zucchero nel sangue. In situazioni di emergenza, può essere particolarmente difficile gestire la glicemia senza opzioni alimentari adeguate. Gli snack a basso indice glicemico e ricchi di fibre forniscono una fonte di energia equilibrata senza causare rapidi picchi di zucchero nel sangue.

Barrette proteiche ad alto contenuto di fibre: cerca barrette proteiche con un alto contenuto di fibre e zuccheri aggiunti minimi. Le barrette a base di cibi integrali come avena, noci e semi forniscono carboidrati a lento rilascio e un equilibrio di proteine e grassi per aiutare a regolare lo zucchero nel sangue. Molte barrette specificatamente etichettate per diabetici o diete a basso indice glicemico soddisfano questi requisiti.

Mandorle e altra frutta secca a basso indice glicemico: mandorle, noci e pistacchi sono naturalmente a basso contenuto di carboidrati, ricchi di fibre e contengono grassi sani che supportano la gestione dello zucchero nel sangue. Queste noci forniscono energia sostenuta senza rapidi picchi di zucchero nel sangue e sono facili da conservare e consumare secondo necessità.

Frutta a basso indice glicemico: frutta come mele, frutti di bosco e pere hanno un indice glicemico più basso e sono ideali per chi monitora la glicemia. Le versioni essiccate di questi frutti senza zuccheri aggiunti possono essere uno spuntino compatto e portatile. Abbinare questi frutti alle noci può aiutare ulteriormente a regolare i livelli di glucosio rallentando l'assorbimento dei carboidrati.

Patatine di fagioli e lenticchie: le patatine a base di fagioli, lenticchie o ceci sono più ricche di proteine e fibre rispetto alle patatine tradizionali, il che aiuta a stabilizzare lo zucchero nel sangue. Questi snack sono disponibili in confezioni monodose e rappresentano un'opzione croccante e soddisfacente per i diabetici.

Gli spuntini su misura per la gestione della glicemia sono essenziali per i diabetici e possono aiutare a garantire livelli energetici sicuri e stabili in scenari di emergenza.

Conclusione

Le esigenze dietetiche speciali sono una considerazione cruciale quando si costruisce un approvvigionamento alimentare di emergenza a tutto tondo. Gli snack senza glutine, senza latticini, vegani, a basso contenuto di sodio e adatti ai diabetici offrono opzioni inclusive che aiutano a soddisfare varie esigenze nutrizionali promuovendo al contempo salute e stabilità. Questi snack scelti con cura consentono alle persone con esigenze dietetiche specifiche di mantenere forza e concentrazione, garantendo che tutti i membri di un gruppo possano rimanere preparati e resilienti durante i periodi di crisi.

Capitolo 8

Idratazione in situazioni di emergenza

Rimanere idratati è fondamentale in qualsiasi situazione di emergenza, poiché la disidratazione può portare ad affaticamento, deterioramento cognitivo e un declino della salute fisica. Sebbene l'accesso all'acqua potabile pulita dovrebbe essere una priorità assoluta, anche alcuni alimenti e snack mirati all'idratazione possono contribuire a mantenere livelli di idratazione adeguati. Questo capitolo si concentra sugli alimenti ricchi di acqua, sugli snack sostitutivi degli elettroliti e sulle soluzioni di reidratazione fai-da-te che possono essere preparate in anticipo per garantire un'adeguata idratazione quando è più necessaria.

8.1 Alimenti ricchi di acqua e loro benefici

Gli alimenti ricchi di acqua possono aiutare a integrare l'idratazione, soprattutto quando le risorse idriche sono limitate. Sebbene questi alimenti non sostituiscano il bisogno di acqua potabile, forniscono un certo contenuto di umidità insieme a nutrienti essenziali, contribuendo all'idratazione e sostenendo la salute generale.

Cetriolo e sedano: sia il cetriolo che il sedano hanno un alto contenuto di acqua, con i cetrioli che contengono circa il 95% di acqua e anche il sedano circa il 95%. Queste verdure sono ricche di elettroliti essenziali come potassio e magnesio, che aiutano a mantenere l'equilibrio dei liquidi nel corpo. Sebbene le verdure fresche siano difficili da conservare a lungo termine, le versioni liofilizzate o sottovuoto possono offrire vantaggi simili in caso di emergenza.

Anguria e melone: l'anguria e il melone sono noti per il loro alto contenuto di acqua, rispettivamente intorno al 90% e all'89%. Anche se la frutta fresca potrebbe non essere pratica per la conservazione a lungo termine, le versioni liofilizzate di questi frutti sono ampiamente disponibili e possono essere reidratate con acqua, ripristinando gran parte della loro consistenza e umidità originali. Questi frutti contengono anche vitamine A e C, che supportano la funzione immunitaria e la salute della pelle, importanti per prevenire problemi cutanei legati alla disidratazione.

Arance e pompelmi: arance e pompelmi sono agrumi idratanti che contengono circa l'88% di acqua, insieme ad elettroliti come il potassio. Sono anche ricchi di vitamina C, che supporta la salute del sistema immunitario e aiuta a ridurre lo stress ossidativo. Le fette di agrumi liofilizzati possono essere aggiunte all'acqua per aggiungere sapore e aumentare l'idratazione, oppure consumate come spuntino.

Pomodori e peperoni: i pomodori contengono circa il 95% di acqua, mentre i peperoni ne contengono circa il 92%. Queste verdure sono ricche di vitamina C, potassio e antiossidanti. Pomodori e peperoni disidratati o liofilizzati possono essere facilmente conservati e reidratati secondo necessità, fornendo uno spuntino versatile e idratante in caso di emergenza.

Gli alimenti ricchi di acqua aggiungono non solo umidità ma anche vitamine e minerali essenziali, rendendoli preziosi per le situazioni di emergenza. Le opzioni liofilizzate e disidratate consentono di godere di questi benefici senza bisogno di prodotti freschi.

8.2 Snack e bevande sostitutivi degli elettroliti

Gli elettroliti svolgono un ruolo vitale nell'idratazione, regolando la funzione nervosa e muscolare, bilanciando il pH del sangue e aiutando a mantenere il corpo idratato a livello cellulare. Nelle situazioni di emergenza in cui lo sforzo fisico, il caldo o lo stress possono portare a una sudorazione eccessiva, diventa essenziale reintegrare gli elettroliti persi.

Compresse e polveri di elettroliti: le compresse e le polveri di elettroliti sono comode, portatili e facili da conservare per le emergenze. Questi integratori contengono spesso elettroliti essenziali come sodio, potassio, magnesio e calcio, che vengono rapidamente assorbiti dall'organismo per supportare l'idratazione. Questi prodotti vengono generalmente miscelati con acqua, creando una bevanda istantanea ricca di elettroliti. Cerca opzioni a basso contenuto di zuccheri e che contengano quantità equilibrate di elettroliti chiave per un'idratazione efficace.

Acqua di cocco in polvere: l'acqua di cocco è una fonte naturale di elettroliti, in particolare di potassio, e può essere una preziosa aggiunta a una strategia di idratazione di emergenza. L'acqua di cocco in polvere è disidratata e facile da conservare, fornendo un'opzione stabile a scaffale che può essere ricostituita con acqua quando necessario. L'acqua di cocco in polvere può essere consumata da sola o aggiunta ad altre bevande, fornendo un sapore delicato e naturale insieme a un supporto di idratazione.

Bevande sportive con zuccheri ridotti: le bevande sportive sono progettate per sostituire gli elettroliti persi con la sudorazione e sono disponibili in opzioni a basso contenuto di zucchero o senza zucchero che forniscono elettroliti essenziali senza carboidrati in eccesso. Le bevande sportive monodose preconfezionate o le iniezioni di elettroliti concentrati possono essere conservate per le emergenze e consumate quando è necessario un ulteriore supporto di idratazione.

Spuntini arricchiti di elettroliti: alcuni snack come mandorle salate, semi di zucca o snack alle alghe contengono fonti naturali di sodio, potassio e magnesio, che aiutano a ricostituire gli elettroliti. Questi snack possono essere utilizzati per integrare altri sforzi di idratazione, soprattutto se consumati insieme all'acqua. Solo una piccola porzione può fornire un buon equilibrio di elettroliti per supportare l'idratazione e i livelli di energia.

I prodotti sostitutivi degli elettroliti aiutano a mantenere l'equilibrio dei liquidi corporei, supportano la funzione muscolare e prevengono la disidratazione, soprattutto durante attività faticose o in condizioni di caldo. Includere queste opzioni nel piano di emergenza garantisce l'accesso a un supporto di idratazione rapido ed efficace.

8.3 Soluzioni di reidratazione fai da te e snack idratanti fatti in casa

Nelle situazioni in cui le soluzioni di idratazione commerciali non sono disponibili, le soluzioni di reidratazione fai da te e gli snack idratanti fatti in casa possono essere una risorsa preziosa. Queste soluzioni possono essere preparate in anticipo o miscelate sul posto utilizzando ingredienti comuni, fornendo un modo economicamente vantaggioso per mantenere l'idratazione durante le emergenze.

Soluzione di reidratazione orale fatta in casa (ORS): le soluzioni di reidratazione orale vengono utilizzate per prevenire la disidratazione reintegrando liquidi ed elettroliti. Una ricetta semplice per l'ORS prevede la miscelazione di 1/2 cucchiaino di sale, 6 cucchiaini di zucchero e 4 tazze (1 litro) di acqua pulita. Questa soluzione è efficace per reidratare il corpo e può essere utilizzata in casi di lieve disidratazione. La preparazione e la conservazione degli ingredienti ORS in pacchetti sigillati può facilitare la miscelazione in situazioni di emergenza.

Frutta secca salata: la frutta secca come albicocche, mango e banane può essere cosparsa con una piccola quantità di sale per creare uno spuntino che fornisca sia carboidrati che elettroliti essenziali. Questa combinazione aiuta a trattenere l'umidità e supporta l'idratazione bilanciando i livelli di liquidi. Gli snack salati di frutta secca sono facili da preparare, leggeri e possono essere conservati per lunghi periodi, rendendoli un'aggiunta ideale ai kit di emergenza.

Gel idratante ai semi di Chia: i semi di Chia assorbono fino a 10 volte il loro peso in acqua, creando una consistenza gelatinosa che è idratante e soddisfacente. Per preparare il gel idratante alla chia, unisci 1 cucchiaio di semi di chia con 1 tazza di acqua e lascialo riposare per

15-20 minuti. I semi di chia si espanderanno, creando un gel ricco di nutrienti che fornisce acidi grassi omega-3, fibre e idratazione naturale. L'aggiunta di una spremuta di limone o di un pizzico di sale può migliorare ulteriormente i suoi benefici di idratazione. Questo gel può essere preparato in anticipo e conservato in un luogo fresco e asciutto, quindi miscelato con acqua quando necessario.

Prodotti da masticare elettrolitici fatti in casa: i prodotti da masticare elettroliti sono un modo conveniente per ottenere una rapida dose di minerali essenziali senza la necessità di bere una bevanda completa. Gli elettroliti da masticare fatti in casa possono essere preparati mescolando miele, acqua di cocco in polvere e un pizzico di sale con gelatina in polvere. Una volta amalgamato, versare la soluzione in uno stampo e lasciarla rassodare in frigorifero. Questi prodotti da masticare sono facili da confezionare e possono fornire una piccola fonte concentrata di elettroliti.

Le soluzioni e gli snack di reidratazione fai da te offrono un modo flessibile ed efficace per supportare l'idratazione quando i prodotti commerciali non sono disponibili. Queste opzioni utilizzano ingredienti semplici e possono essere preparate in anticipo, garantendo una fonte affidabile di idratazione in caso di emergenza.

Conclusione

L'idratazione è un elemento fondamentale della preparazione alle emergenze e va oltre la semplice acqua potabile. Con alimenti ricchi di acqua, sostituzioni di elettroliti e soluzioni di reidratazione fai-da-te, le persone possono mantenere i livelli di idratazione e sostenere la salute generale durante le crisi. Questi snack e bevande mirati all'idratazione completano le scorte d'acqua, garantendo che i bisogni di idratazione siano soddisfatti e che la resilienza fisica sia mantenuta in qualsiasi scenario di emergenza.

Capitolo 9

Tecniche di conservazione degli alimenti per una maggiore durata di conservazione

In situazioni di emergenza, avere una fornitura di alimenti stabili e ricchi di nutrienti è fondamentale per mantenere la salute e l'energia. Le corrette tecniche di conservazione degli alimenti possono prolungare significativamente la durata di conservazione degli snack e garantire che rimangano sicuri e nutrienti. Questo capitolo illustra i metodi per conservare frutta, verdura e snack, tra cui la disidratazione, la sigillatura sottovuoto, l'inscatolamento e il congelamento. Queste tecniche ti aiuteranno a conservare gli alimenti per un uso a lungo termine, garantendo che le tue scorte di emergenza rimangano fresche e vitali per periodi prolungati.

9.1 Metodi di disidratazione per frutta e verdura

La disidratazione è uno dei metodi più efficaci per conservare gli alimenti, poiché rimuove l'umidità, che inibisce la crescita di batteri, muffe e lieviti. Gli alimenti disidratati sono leggeri, facili da conservare e conservano gran parte del loro valore nutrizionale.

Essiccare frutta e verdura: il primo passo per disidratare frutta e verdura è pulirli e sbucciarli (se necessario), quindi affettarli in pezzi uniformi. Si consiglia spesso di sbollentare le verdure prima di disidratarle per preservare sapore, colore e contenuto nutrizionale. La frutta, soprattutto quella ad alto contenuto di acqua come mele, pesche e frutti di bosco, dovrebbe essere tagliata in pezzi più piccoli per accelerare il processo di essiccazione.

Utilizzo di un disidratatore: un disidratatore alimentare è lo strumento più efficiente per rimuovere l'umidità dal cibo. Utilizza il calore e il flusso d'aria per asciugare il cibo in modo uniforme e rapido. Impostare l'essiccatore alla temperatura appropriata per il cibo specifico da essiccare. Ad esempio, la frutta può richiedere una temperatura di 52-57°C (125-135°F), mentre le verdure necessitano di 52°C (125°F). Gli alimenti disidratati devono essere conservati in contenitori ermetici una volta che si sono raffreddati.

Essiccazione all'aria: per alcuni alimenti come erbe e piccoli frutti di bosco, l'essiccazione all'aria può essere un metodo efficace, soprattutto in ambienti a bassa umidità. Infilare erbe o bacche appese in un'area asciutta e ben ventilata aiuta a rimuovere l'umidità. Questo processo richiede più tempo rispetto all'utilizzo di un essiccatore, ma può essere eseguito senza elettricità.

Asciugatura al forno: se non si dispone di un disidratatore, il forno può fungere da sostituto. Imposta il forno alla temperatura più bassa possibile (di solito intorno ai 65°C o 150°F) e tieni la porta aperta per consentire all'umidità di fuoriuscire. Disporre il cibo su una teglia in un unico strato e controllare periodicamente che non sia asciutto.

Frutta e verdura disidratate possono essere reidratate con acqua quando necessario, rendendole una scelta eccellente per spuntini o cotture di emergenza. Se conservati adeguatamente in sacchetti sottovuoto o in sacchetti Mylar con assorbitori di ossigeno, questi alimenti possono durare diversi mesi o addirittura anni.

9.2 Nozioni di base sulla sigillatura sottovuoto e sull'inscatolamento

La sigillatura sottovuoto e l'inscatolamento sono altri due modi efficaci per conservare il cibo, mantenendone la freschezza, il sapore e il contenuto nutrizionale. Entrambi i metodi impediscono la crescita di organismi che causano deterioramento creando ambienti ermetici.

Sigillatura sottovuoto: la sigillatura sottovuoto comporta la rimozione dell'aria da un sacchetto o contenitore prima di sigillarlo. Questo processo prolunga la durata di conservazione di snack e ingredienti prevenendo l'ossidazione e l'esposizione all'umidità. Gli alimenti sottovuoto, tra cui carne secca, noci, frutta secca e persino pasti disidratati, possono durare più a lungo se conservati in un luogo fresco e asciutto.

Per sigillare sottovuoto, posizionare il cibo in sacchetti sottovuoto e utilizzare una macchina sottovuoto per rimuovere l'aria. Per ottenere i migliori risultati, conservare gli articoli sottovuoto in un ambiente buio e fresco per prolungarne ulteriormente la durata. L'aggiunta di assorbitori di ossigeno all'interno dei sacchetti sottovuoto può aiutare a proteggere dal degrado e a mantenere il cibo fresco per mesi o anni.

Inscatolamento: l'inscatolamento è un altro metodo di conservazione di lunga data che prevede il confezionamento degli alimenti in barattoli e la loro sigillatura a fuoco vivo per creare un vuoto. Questo processo distrugge i batteri nocivi e garantisce che il cibo rimanga sicuro da mangiare per periodi prolungati. La conservazione è ideale per frutta, verdura e persino piatti pronti come zuppe e stufati.

Il processo di inscatolamento inizia sterilizzando barattoli e coperchi. Una volta riempiti di cibo, i barattoli vengono lavorati in un bagno di acqua bollente o in un contenitore a pressione, a seconda del livello di acidità del cibo. Gli alimenti a basso contenuto di acido come verdure e carne richiedono un contenitore a pressione per garantire che la temperatura raggiunga un punto tale da uccidere tutti i batteri. Dopo la lavorazione, lasciare raffreddare i barattoli e verificare la corretta chiusura premendo sul coperchio per assicurarsi che non si fletta.

Gli alimenti adeguatamente conservati possono durare fino a un anno o più. Conserva i barattoli in un luogo fresco, buio e asciutto per garantire che la qualità del cibo rimanga intatta.

9.3 Tecniche di congelamento per la massima freschezza

Il congelamento è un metodo eccellente per preservare la freschezza degli alimenti, in particolare carne, frutta, verdura e piatti pronti. Il congelamento mantiene il cibo in uno stato vicino alla consistenza e al sapore originali e può prolungare la durata di conservazione degli snack per diversi mesi.

Congelamento di frutta e verdura: quando si congela frutta e verdura, è importante prepararla correttamente per preservarne la qualità. Per la maggior parte delle verdure, sbollentarle brevemente in acqua bollente prima di congelarle aiuterà a preservarne il colore, il sapore e il valore nutrizionale. Dopo averle sbollentate, raffreddale rapidamente in acqua ghiacciata, scolale e asciugale prima di riporle in sacchetti adatti al congelatore. La frutta come i frutti di bosco, le pesche e l'uva può essere congelata direttamente, ma è utile disporla in un unico strato su una teglia per evitare che si attacchino tra loro.

Congelamento di pasti e spuntini: i pasti pronti come zuppe, stufati e sformati, nonché snack come barrette energetiche fatte in casa o bocconcini proteici, possono essere congelati per la conservazione a lungo termine. Per evitare bruciature da congelamento, avvolgere gli alimenti in contenitori ermetici o sacchetti per congelatore resistenti. Etichetta e data tutti gli alimenti congelati in modo da poter tenere traccia di quanto tempo sono stati conservati.

Linee guida per il congelamento: il congelamento conserva gli alimenti per mesi, ma la consistenza di alcuni alimenti potrebbe cambiare dopo lo scongelamento. Ad esempio, la frutta congelata potrebbe diventare più morbida e alcune verdure potrebbero perdere la loro croccantezza. È meglio utilizzare gli alimenti surgelati entro pochi mesi per ottenere sapore e consistenza ottimali, anche se rimangono sicuri da mangiare a tempo indeterminato se mantenuti a una temperatura di congelamento costante.

Il congelamento può essere un ottimo modo per conservare gli alimenti deperibili, soprattutto per le situazioni di emergenza in cui è necessario un rapido accesso a pasti o spuntini freschi e nutrienti.

9.4 Conservazione degli snack in diverse condizioni ambientali

Condizioni di conservazione adeguate sono essenziali per massimizzare la durata di conservazione degli alimenti conservati. Calore, luce e umidità possono influire sulla qualità e sulla longevità degli snack conservati. Conservando gli alimenti in condizioni ottimali, puoi garantire che rimangano freschi e pronti per il consumo quando necessario.

Conservazione fresca e asciutta: l'ambiente migliore per conservare gli snack è fresco, asciutto e buio. Il calore accelera il deterioramento degli alimenti, mentre l'umidità favorisce la crescita di muffe e batteri.

Un intervallo di temperatura di 50-70°F (10-21°C) è ideale per la maggior parte degli snack conservati. Evitare di conservare gli snack in aree soggette a sbalzi di temperatura, come garage o soffitte.

Contenitori ermetici: utilizzare contenitori ermetici come sacchetti Mylar, sacchetti sottovuoto o barattoli di vetro con coperchi ermetici per proteggere il cibo dall'esposizione all'ossigeno. L'ossigeno può portare all'irrancidimento e alla perdita di sapore e valore nutrizionale. L'aggiunta di assorbitori di ossigeno a questi contenitori può prolungare ulteriormente la durata di conservazione degli snack.

Evitare l'esposizione alla luce: la luce può causare la decomposizione dei grassi presenti negli alimenti, con conseguente sapore rancido e perdita di sostanze nutritive. Conservare il cibo in contenitori opachi o in un luogo buio come un armadio o una dispensa. Per la conservazione a lungo termine, l'ideale può essere un seminterrato o una cantina con temperature stabili.

Monitorare i livelli di umidità: l'umidità è un altro fattore da monitorare. L'elevata umidità può far deteriorare gli alimenti più rapidamente. Se vivi in un ambiente umido, considera l'utilizzo di pacchetti di gel di silice o altri essiccanti in contenitori per assorbire l'umidità in eccesso.

Conservare snack e alimenti conservati in condizioni ottimali può prolungare significativamente la loro durata di conservazione, garantendo che rimangano nutrienti e pronti per l'uso in caso di emergenza.

Conclusione

Le corrette tecniche di conservazione degli alimenti sono fondamentali per garantire che gli snack e le forniture di emergenza siano disponibili e sicuri per un uso a lungo termine. La disidratazione, la sigillatura sotto vuoto, l'inscatolamento e il congelamento sono metodi efficaci che possono aiutare a prolungare la durata di conservazione, mentre condizioni di conservazione adeguate garantiscono che il cibo rimanga fresco, sicuro e nutriente. Utilizzando queste tecniche, puoi creare una fornitura alimentare di emergenza affidabile e diversificata che soddisfi le tue esigenze di idratazione e nutrizione in tempi di crisi.

Capitolo 10

Creazione di un kit equilibrato di snack di emergenza

In una situazione di emergenza, l'accesso a snack equilibrati e nutrienti può fare una differenza significativa nel mantenimento dell'energia, del morale e del benessere generale. Un kit di spuntini di emergenza ben preparato dovrebbe fornire un mix di macronutrienti, soddisfare le esigenze di vari individui ed essere organizzato per un rapido accesso quando è più necessario. Questo capitolo fornirà indicazioni su come costruire un kit di spuntini pratico e ricco di nutrienti su misura per esigenze dietetiche specifiche e scenari di emergenza.

10.1 Miscelazione di macronutrienti per energia e sazietà ottimali

La chiave per creare un efficace kit di snack di emergenza è garantire che fornisca un mix equilibrato di macronutrienti: carboidrati, proteine e grassi. Questi macronutrienti lavorano insieme per fornire energia sostenuta, prevenire la fame e sostenere la salute generale durante le situazioni di stress.

Carboidrati: i carboidrati sono la fonte energetica primaria del corpo. In situazioni di emergenza, è essenziale un'energia rapida e prolungata e gli alimenti che forniscono carboidrati complessi sono l'opzione migliore. I cereali integrali, come avena, quinoa e riso integrale, sono ottime fonti. Anche la frutta secca come albicocche, uvetta e mele sono snack ricchi di carboidrati che forniscono un rapido apporto energetico e sono facili da conservare. Fai attenzione a scegliere snack con un contenuto di zucchero inferiore per evitare picchi e crolli della glicemia.

Proteine: le proteine sono fondamentali per il mantenimento della massa muscolare e la riparazione dei tessuti, soprattutto sotto stress fisico. Gli snack ricchi di proteine aiutano a farti sentire sazio più a lungo, riducendo la tentazione di fare spuntini inutilmente. La carne secca (manzo, tacchino o altre carni magre), le noci, i semi e le barrette proteiche sono ottime fonti di proteine per un kit di emergenza. Per coloro che seguono diete a base vegetale, legumi, tofu, edamame e burro di noci possono fornire le proteine necessarie.

Grassi: i grassi sani forniscono una fonte concentrata di energia e aiutano l'assorbimento delle vitamine liposolubili. Noci, semi e burro di noci (come il burro di mandorle o di arachidi) sono ottime fonti di grassi e proteine. L'olio di cocco è un'altra opzione per aggiungere grassi sani al tuo kit di snack. Inoltre, piccole quantità di cioccolato fondente possono fornire sia grassi che una rapida fonte di energia, insieme ad antiossidanti per supportare il sistema immunitario.

Un equilibrio di questi macronutrienti garantirà che gli spuntini non solo siano sazianti, ma forniscano anche energia a lungo termine e sostengano la salute generale durante un'emergenza. Punta a un mix di proteine di alta qualità, grassi sani e carboidrati complessi per mantenere energia, sazietà e funzione muscolare.

10.2 Personalizzazione dei kit per familiari ed esigenze specifiche

Quando si costruisce un kit snack di emergenza, è importante personalizzarlo in base alle esigenze specifiche delle persone che lo utilizzeranno. I membri della famiglia possono avere restrizioni dietetiche, preferenze e fabbisogni calorici diversi, tutti elementi che dovrebbero essere considerati quando si scelgono gli snack.

Bambini: gli spuntini per i bambini dovrebbero mirare a fornire energia e sostanze nutritive pur essendo facili da mangiare. Opta per prodotti piccoli e di dimensioni ridotte come barrette di cereali, bucce di frutta, mix di tracce con noci e frutta secca o snack liofilizzati. Assicurati che gli snack contengano un equilibrio di carboidrati, proteine e grassi per aiutare a sostenere i livelli di energia durante il giorno. Inoltre, valuta la possibilità di includere snack familiari che piacciono ai bambini per mantenere il comfort e il morale in caso di emergenza.

Membri anziani della famiglia: per le persone anziane, è importante selezionare snack facili da masticare e digerire. Snack morbidi e ricchi di nutrienti come burro di noci, barrette energetiche morbide, fiocchi d'avena o frutta secca sono buone opzioni. Evita gli snack troppo duri o appiccicosi, poiché potrebbero causare disagio o difficoltà nella masticazione. Se applicabile, prendere in considerazione opzioni a basso contenuto di sodio o salutari per il cuore per gli anziani che potrebbero aver bisogno di monitorare l'assunzione di sale.

Persone con restrizioni dietetiche: se i membri della famiglia hanno restrizioni dietetiche specifiche, come diete prive di glutine, latticini o vegane, assicurati di includere snack che soddisfino tali esigenze. Per le opzioni senza glutine, scegli snack a base di cereali integrali come la quinoa o l'avena senza glutine, nonché prodotti a base di noci. Per coloro che seguono una dieta vegana, dovrebbe essere data priorità alle fonti proteiche di origine vegetale come legumi, semi e prodotti a base di soia. Controlla sempre le etichette per assicurarti che gli snack siano conformi a specifiche restrizioni dietetiche e allergie.

Fabbisogno ad alto contenuto calorico: in alcune situazioni, gli individui possono richiedere un apporto calorico maggiore a causa dello sforzo fisico, delle condizioni mediche o di altri fattori. Per chi ha un fabbisogno calorico elevato, aggiungi snack ad alto contenuto calorico come burro di noci, barrette energetiche, noci e cioccolato. Questi snack racchiudono molte calorie in una piccola confezione, rendendoli ideali per le esigenze elevate di energia.

Adattare il tuo kit di snack di emergenza alle esigenze specifiche dei membri della tua famiglia garantisce che tutti abbiano accesso ai giusti nutrienti e livelli di energia necessari per la loro salute e il loro benessere.

10.3 Organizzare spuntini per un facile accesso

Un kit di snack ben organizzato è fondamentale per garantire un accesso facile e veloce durante un'emergenza. Avere i tuoi snack ordinati e facili da trovare può ridurre lo stress e aiutarti a rimanere concentrato quando il tempo è essenziale.

Utilizzare contenitori separati: conservare gli snack in contenitori separati e chiaramente etichettati in base al tipo o all'uso previsto. Ad esempio, prendi un contenitore per gli snack proteici (ad esempio, carne secca, barrette proteiche), uno per opzioni ricche di carboidrati (ad esempio, muesli, frutta secca) e uno per i grassi (ad esempio, burro di noci, semi). In questo modo, puoi prendere rapidamente il tipo di spuntino necessario senza dover cercare tra un miscuglio di articoli diversi.

Confezione monodose: gli snack preconfezionati monodose sono ideali per un kit di emergenza. Sono facili da afferrare e mangiare, riducendo la necessità di aprire borse o contenitori di grandi dimensioni. Le confezioni di snack individuali aiutano anche a prevenire il consumo eccessivo di determinati alimenti, mantenendo controllate le dimensioni delle porzioni.

Utilizza sacchetti con chiusura a zip o sacchetti in Mylar: per articoli sfusi come mix di tracce o muesli, utilizza sacchetti con chiusura a zip o sacchetti in Mylar per mantenere gli snack freschi e organizzati. I sacchetti in Mylar con assorbitori di ossigeno sono particolarmente efficaci per la conservazione a lungo termine, poiché impediscono all'umidità e all'aria di compromettere la freschezza del cibo.

Considera l'accessibilità: prepara gli snack in modo da consentirne un facile accesso. Se usi uno zaino, considera gli snack che verranno utilizzati più frequentemente e posizionali negli scomparti esterni. Per la conservazione a casa, conserva gli snack di emergenza in un contenitore apposito o in uno scaffale della dispensa, etichettati chiaramente, in modo che siano facili da afferrare durante una crisi.

Organizzando il tuo kit snack in questo modo, ti assicuri che tutti gli articoli necessari siano facili da individuare, riducendo lo stress e risparmiando tempo quando devi agire rapidamente.

10.4 Liste di controllo e suggerimenti per un kit completo

Per assicurarti che il tuo kit di snack di emergenza sia completo e pronto per l'uso, è utile seguire una lista di controllo per assicurarti di aver coperto tutti i gruppi alimentari e le esigenze essenziali.

Lista di controllo del kit snack di emergenza:

Proteine: carne secca, barrette proteiche, noci, semi, tonno o pollo in scatola, proteine in polvere, burro di noci

Carboidrati: cracker integrali, frutta secca, barrette energetiche, muesli, avena

Grassi: burro di noci, mix di tracce, semi, olio di cocco

Idratazione: polveri o compresse di elettroliti, buste d'acqua, acqua di cocco, snack idratanti come anguria e cetriolo (liofilizzati se possibile)

Spuntini dietetici speciali: senza glutine, senza latticini, vegani, a basso contenuto di sodio o qualsiasi altra esigenza dietetica specifica per i membri della famiglia

Convenienza e portabilità: confezioni monodose, sacchetti richiudibili, sacchetti in Mylar con assorbitori di ossigeno, contenitori per la conservazione degli alimenti
Ulteriori suggerimenti:

Ruota regolarmente gli snack: controlla periodicamente le date di scadenza degli snack e ruota gli articoli per garantirne la freschezza. Non vuoi fare affidamento sugli alimenti scaduti durante un'emergenza.

Inc
Cibi di conforto aziendali: includi alcuni cibi di conforto familiari che possono aiutare a mantenere il morale durante le situazioni stressanti. Una barretta di cioccolato preferita o un piccolo pacchetto di biscotti possono essere un regalo rassicurante nei momenti difficili.

Adattarsi all'ambiente: considerare il clima e l'ambiente della situazione di emergenza. Se ti stai preparando per un ambiente più freddo, concentrati su snack ipercalorici che forniscono calore, come noci e cioccolato. Nei climi più caldi, dai la priorità agli snack più idratanti, come frutta e opzioni contenenti elettroliti.

La creazione di un kit equilibrato per spuntini di emergenza richiede una pianificazione e un'organizzazione ponderate. Assicurandoti che il tuo kit includa un mix di macronutrienti, soddisfacendo esigenze dietetiche specifiche e organizzando gli snack per un rapido accesso, puoi creare un kit di snack affidabile e completo che ti supporterà in qualsiasi situazione di emergenza.

Costruire un kit di spuntini di emergenza completo è essenziale per garantire che tutti abbiano accesso ai nutrienti e all'energia adeguati necessari per affrontare una crisi.

Prestando attenzione all'equilibrio dei macronutrienti, personalizzando il kit per esigenze specifiche, organizzandolo per un facile accesso e seguendo una lista di controllo per garantire che nessun componente vitale venga tralasciato, crei una risorsa che supporta non solo la salute fisica ma anche il benessere mentale. essere nei momenti difficili.

Mentre continui a mettere a punto il tuo kit di snack di emergenza, tieni a mente i seguenti punti:

1. Qualità piuttosto che quantità: non si tratta solo di avere molto cibo, ma di avere opzioni di alta qualità e ricche di nutrienti. Concentrati su cibi ricchi di nutrienti che forniscono energia a lungo termine e supportano la tua salute, piuttosto che snack a calorie vuote che potrebbero farti sentire lento o deconcentrato.

2. Adattarsi alle circostanze mutevoli: le emergenze possono presentarsi in molte forme,

dai disastri naturali alle interruzioni di corrente fino alle evacuazioni inaspettate. Sii pronto ad adattare il tuo kit di snack in base allo scenario. Ad esempio, se stai andando in una zona selvaggia per un'escursione o un campeggio, valuta la possibilità di includere opzioni leggere e portatili come pasti liofilizzati o gel energetici che non richiedono refrigerazione o spazio significativo.

3. Preparazione facile: in caso di emergenza, la preparazione del cibo dovrebbe essere semplice e veloce. Scegli snack che non richiedano molto tempo o strumenti per la preparazione. Ad esempio, snack bar preconfezionati, frutta secca e noci sono facili da mangiare in viaggio e non richiedono alcuna cottura o preparazione complessa.

4. Le preferenze personali contano: anche durante una crisi, mangiare cibo soddisfacente e piacevole può fornire conforto e migliorare il morale generale. Sebbene il valore nutrizionale

sia la preoccupazione principale, non dimenticare di prendere in considerazione i gusti e le preferenze di tutti i membri della tua famiglia o del tuo gruppo. Includere alcuni snack preferiti può offrire un senso di normalità e conforto.

5. Accessibilità e portabilità: se il tuo kit di emergenza è conservato a casa, in un veicolo o trasportato come parte di una borsa da viaggio, assicurati che sia portatile e che gli snack siano facilmente accessibili. In una crisi, il tempo e la comodità sono spesso essenziali. Quanto più velocemente riesci a prendere e consumare i tuoi snack, maggiori saranno le tue possibilità di mantenere i livelli di energia e rimanere concentrato.

Conclusione

Un kit equilibrato per spuntini di emergenza è molto più di una semplice raccolta di cibo; è una componente chiave del tuo piano di preparazione generale. Selezionando attentamente gli snack che forniscono il giusto equilibrio di macronutrienti, considerando le esigenze dietetiche specifiche, organizzando il kit per un accesso rapido e mantenendo regolarmente gli articoli, crei una risorsa affidabile in grado di supportarti in una varietà di situazioni di emergenza. Gli spuntini giusti possono aiutarti a sostenere la tua energia, migliorare la tua capacità di prendere decisioni valide e contribuire alla tua resilienza fisica ed emotiva nei momenti di crisi.

Seguendo questi passaggi e facendo scelte ponderate nella selezione e nell'organizzazione dei tuoi snack di emergenza, avrai la tranquillità di sapere che sei pronto ad affrontare qualsiasi sfida possa presentarti.

Capitolo 11

Ricette veloci per spuntini di emergenza in movimento

In caso di emergenza, la comodità è importante quanto l'alimentazione. Avere spuntini veloci e facili da preparare, ricchi di nutrienti, portatili e sazianti, può fare una differenza significativa nel modo in cui gestisci lo stress e mantieni i livelli di energia. Questo capitolo fornisce ricette semplici per creare snack salutari e ad alto contenuto proteico, perfetti per le situazioni di emergenza e che possono essere preparati in anticipo per essere facilmente accessibili quando necessario.

11.1 Barrette e bocconcini ad alto contenuto proteico

Le barrette proteiche e i bocconcini proteici sono ideali per le situazioni di emergenza perché sono facili da conservare, portatili e forniscono una notevole quantità di energia. Queste versioni fatte in casa possono essere adattate ai tuoi gusti e alle tue preferenze dietetiche e puoi modificare gli ingredienti per assicurarti che soddisfino esigenze nutrizionali specifiche.

Ingredienti:

1 tazza di fiocchi d'avena

1/2 tazza di burro di arachidi naturale o burro di mandorle

1/4 tazza di miele o sciroppo d'acero

1/2 tazza di proteine in polvere (siero di latte, piselli o vegetali)

1/4 tazza di semi di lino o di chia macinati

1/4 tazza di gocce di cioccolato fondente (opzionale)

1/4 tazza di frutta secca (uvetta, mirtilli rossi o albicocche)

Istruzioni:

1. In una ciotola capiente, unisci l'avena, le proteine in polvere, i semi di lino e la frutta secca.

2. Aggiungi il burro di arachidi o di mandorle e il miele/sciroppo d'acero. Mescolare fino a quando tutto sarà omogeneo. Se il composto risulta troppo asciutto, aggiungere un po' più di miele o burro di noci per ottenere la consistenza desiderata.

3. Se usate le gocce di cioccolato, incorporatele al composto.

4. Stendere il composto in una teglia foderata con carta da forno. Per le barre, puntare a uno spessore di circa 1 pollice.

5. Conservare in frigorifero la miscela per almeno 30 minuti affinché si rassodi.

6. Una volta pronto, tagliare il composto in quadrati o barrette. Conservare in un contenitore ermetico per un massimo di una settimana o avvolgerlo singolarmente per un facile trasporto.

Queste barrette e bocconcini ad alto contenuto proteico sono eccellenti fonti di energia prolungata, rendendoli ideali per mantenerti sazio durante le situazioni di stress elevato. La combinazione di proteine, fibre e grassi sani aiuterà a mantenere i livelli di zucchero nel sangue e a tenere a bada la fame.

11.2 Vasetti di farina d'avena istantanea e miscele di cereali durante la notte

L'avena è un'opzione versatile e ricca di nutrienti per gli spuntini di emergenza. Sono ricchi di carboidrati complessi, fibre e vitamine e minerali essenziali. I barattoli di farina d'avena istantanea e le miscele di cereali per la notte sono perfetti per le situazioni in cui hai bisogno di qualcosa di semplice e veloce che richieda una preparazione minima.

Vasetti di farina d'avena istantanea (porzioni monodose)

Ingredienti:

1/2 tazza di fiocchi d'avena

1 cucchiaio di semi di chia o semi di lino macinati

1 cucchiaio di frutta secca (uvetta, mirtilli rossi o albicocche tritate)

1 cucchiaio di noci o semi (mandorle, noci o semi di zucca)

1/2 cucchiaino di cannella o estratto di vaniglia

1/4 tazza di latte in polvere o proteine in polvere (facoltativo)

1/2 tazza di acqua calda o latte (quando è pronto da mangiare)

Istruzioni:

1. In un barattolo di vetro o in un contenitore ermetico, metti a strati l'avena, i semi di chia, la frutta secca, le noci e la cannella.

2. Se usi latte in polvere o proteine in polvere, aggiungili al barattolo.

3. Sigilla il barattolo e conservalo in un luogo fresco e asciutto.

4. Quando sei pronto per mangiare, aggiungi semplicemente acqua calda o latte al barattolo, mescola bene e lascia riposare per 5-10 minuti per reidratarsi. L'avena assorbirà il liquido e si ammorbidirà, fornendo un pasto abbondante, caldo e nutriente in pochi minuti.

Miscela di cereali durante la notte (da preparare la sera prima)
Ingredienti:

1/2 tazza di fiocchi d'avena

1/4 tazza di quinoa o grano saraceno (opzionale per aggiungere proteine)

1 cucchiaio di semi di chia o semi di canapa

1 cucchiaio di frutta secca (datteri, albicocche o uvetta)

1/2 cucchiaino di cannella in polvere

1/4 tazza di latte o un'alternativa senza latticini (latte di mandorle, latte di cocco, ecc.)

1 cucchiaio di miele o sciroppo d'acero (facoltativo)

Istruzioni:

1. In un barattolo o un contenitore ermetico, unisci l'avena, la quinoa (se utilizzata), i semi di chia, la frutta secca e la cannella.

2. Aggiungi il latte e il dolcificante (se lo usi), quindi mescola per amalgamare.

3. Sigillare il contenitore e conservare in frigorifero durante la notte.

4. Al mattino avrai un pasto pronto, nutriente e idratante. Puoi mangiarlo freddo o scaldarlo su un fornello o su un falò, se necessario.

Questi vasetti di farina d'avena e le miscele di cereali per la notte sono eccellenti per uno spuntino o un pasto veloce e soddisfacente in caso di emergenza. Sono facili da preparare in anticipo e forniscono energia a lunga durata per tutta la giornata.

11.3 Miscele di frutta secca e noci con aroma aggiunto

I mix di frutta secca e noci sono un alimento base per gli spuntini di emergenza perché sono leggeri, ricchi di nutrienti e facili da conservare. Aggiungendo aromi come cannella, zenzero o anche un tocco di sale, puoi migliorare il gusto aumentando anche il valore nutrizionale dello spuntino.

Ingredienti:

1/2 tazza di mandorle, anacardi o noci

1/2 tazza di frutta secca (uvetta, mirtilli rossi, albicocche o fichi)

1/4 tazza di semi di girasole o di zucca

1/4 tazza di scaglie di cocco (non zuccherate)

1 cucchiaino di cannella o zenzero macinato

Pizzico di sale marino (facoltativo)

Istruzioni:

1. In una grande ciotola, unisci le noci, la frutta secca, i semi e le scaglie di cocco.

2. Cospargi la cannella o lo zenzero sulla miscela e mescola il tutto per ricoprirlo uniformemente.

3. Se lo si desidera, aggiungere un pizzico di sale marino per un ulteriore contrasto di sapori.

4. Suddividere il composto in piccoli sacchetti o barattoli richiudibili per uno spuntino facile. Questa miscela può essere conservata in un contenitore ermetico per un massimo di un mese.

Questo mix di frutta secca e noci fornisce un buon equilibrio di proteine, grassi e carboidrati, rendendolo una scelta eccellente per mantenere l'energia durante un'emergenza. È facile da trasportare e può essere mangiato a manciate quando necessario.

11.4 Frullati in polvere e miscele di bevande

Nelle situazioni di emergenza, l'idratazione è importante quanto l'alimentazione solida. I frullati in polvere e le miscele di bevande sono un modo semplice per fornire vitamine, minerali ed elettroliti mantenendo allo stesso tempo l'idratazione. Queste miscele sono leggere, stabili a scaffale e offrono uno spuntino rinfrescante o un sostituto del pasto.

Ingredienti:

1/4 tazza di proteine in polvere (siero di latte, piselli o vegetali)

1/4 tazza di verdure in polvere (spirulina, clorella o polvere di verdure)

1 cucchiaio di semi di chia o farina di semi di lino

1/4 tazza di frutta secca in polvere (mango, frutti di bosco o banana)

1 cucchiaino di latte di cocco in polvere (per cremosità)

1/4 cucchiaino di curcuma o cannella (facoltativo per insaporire)

1-2 tazze di acqua (o latte a scelta)

Istruzioni:

1. Unisci le proteine in polvere, la polvere verde, i semi di chia, la polvere di frutta secca, il latte di cocco in polvere e le spezie in un piccolo sacchetto o contenitore richiudibile.

2. Quando è pronto per il consumo, aggiungi 1-2 tazze di acqua o latte alla miscela e agita o mescola fino a quando tutto sarà ben amalgamato.

3. Se preferisci, frulla il composto in un frullatore per ottenere una bevanda omogenea e cremosa. Altrimenti, può essere mescolato in un barattolo o in una bottiglia per uno spuntino veloce e bevibile.

Questo mix di frullati in polvere può essere modificato in base ai tuoi gusti e alle tue esigenze nutrizionali. Aggiungendo ingredienti come polvere di verdure o proteine, puoi garantire che la tua bevanda fornisca non solo idratazione ma anche importanti vitamine, minerali e macronutrienti.

Conclusione

Ricette veloci e fatte in casa per spuntini di emergenza ti consentono di assicurarti di avere accesso a opzioni nutrienti e sazianti anche in situazioni di stress. Dalle barrette proteiche ai barattoli di farina d'avena e ai mix di bevande, queste ricette offrono flessibilità, praticità e nutrienti essenziali, dandoti l'energia e l'idratazione necessarie per gestire qualsiasi emergenza con resilienza. Preparare questi spuntini in anticipo ti consentirà di rimanere concentrato, calmo e ben nutrito quando conta di più.

Capitolo 12

Sostenere il benessere mentale con spuntini sani

La nutrizione gioca un ruolo significativo non solo nel sostenere la nostra salute fisica ma anche nel mantenimento del benessere mentale. Nelle situazioni stressanti, in particolare nelle emergenze, il cibo può avere un potente impatto sull'umore, sulla concentrazione e sulla resilienza generale. I giusti nutrienti possono aiutare a calmare il sistema nervoso, ridurre i sentimenti di ansia e migliorare le prestazioni cognitive. Questo capitolo tratta la connessione tra alimentazione e umore, i tipi di ingredienti che possono aiutare ad alleviare lo stress e idee per spuntini per promuovere la lucidità mentale e la concentrazione.

12.1 La connessione tra nutrizione e umore

Di fronte a situazioni di forte stress, il nostro corpo fa affidamento su determinati nutrienti per mantenere il funzionamento ottimale del cervello e stabilizzare l'umore. Consumare un mix equilibrato di macronutrienti (carboidrati, grassi e proteine) può aiutare a mantenere costanti i livelli di zucchero nel sangue, che è fondamentale per la stabilità dell'umore. Un basso livello di zucchero nel sangue porta spesso a irritabilità, affaticamento e difficoltà di concentrazione, tutti fattori che possono rendere una situazione difficile ancora più travolgente.

È noto che nutrienti specifici supportano la salute mentale:

Carboidrati complessi: i carboidrati aiutano ad aumentare la produzione di serotonina, un neurotrasmettitore che promuove la calma e migliora l'umore. I cereali integrali, l'avena e altri carboidrati a digestione lenta possono fornire un rilascio costante di energia e serotonina.

Grassi sani: gli acidi grassi Omega-3, presenti nelle noci, nei semi e nel pesce grasso, svolgono un ruolo chiave nella salute del cervello. Questi grassi aiutano a ridurre l'infiammazione e possono migliorare l'umore, ridurre l'ansia e supportare la funzione cognitiva.

Proteine e aminoacidi: le proteine forniscono al corpo aminoacidi, gli elementi costitutivi dei neurotrasmettitori. Il triptofano, presente negli alimenti ricchi di proteine, aiuta ad aumentare i livelli di serotonina, mentre la tirosina, presente nelle noci e nei semi, supporta la produzione di dopamina, che può migliorare la vigilanza.

Vitamine del gruppo B e magnesio: questi nutrienti sono noti per svolgere un ruolo nella gestione dello stress. Le vitamine del gruppo B, in particolare B6, B9 (folato) e B12, supportano la produzione di neurotrasmettitori che regolano l'umore. Il magnesio, che si trova nei semi, nelle verdure a foglia verde e nelle noci, può aiutare a rilassare i muscoli e calmare il sistema nervoso.

Mantenere una dieta ricca di questi nutrienti può fornire le basi per la resilienza mentale, aiutando a sostenere un umore stabile e un pensiero chiaro anche nei momenti difficili.

12.2 Ingredienti calmanti per situazioni stressanti

Alcuni ingredienti sono noti per avere un effetto calmante sulla mente e sul corpo, rendendoli ideali per i kit di snack di emergenza. Incorporando questi ingredienti negli snack, puoi aiutare a calmare lo stress, ridurre l'ansia e promuovere un senso di calma.

Camomilla e Lavanda: queste erbe sono note per le loro proprietà rilassanti. Sebbene tipicamente consumate come tè, la camomilla e la lavanda essiccate possono essere aggiunte agli snack o mescolate con noci e semi per apportare un effetto calmante.

Cioccolato fondente: il cioccolato fondente contiene flavonoidi che migliorano il flusso sanguigno al cervello e aumentano le endorfine, creando un senso di benessere. Il magnesio contenuto nel cioccolato aiuta anche a rilassare i muscoli e a ridurre i livelli di stress.

Mandorle: le mandorle sono ricche di magnesio, utile per alleviare lo stress e calmare i nervi. Contengono anche vitamine del gruppo B che supportano il sistema nervoso.

Semi di zucca: questi semi sono ricchi di magnesio e triptofano, entrambi i quali aiutano a migliorare l'umore e favoriscono il rilassamento. Sono anche una fonte di zinco, che svolge un ruolo nella regolazione dell'umore.

Avena: essendo un carboidrato complesso, l'avena aiuta a mantenere stabile lo zucchero nel sangue e supporta il rilascio di serotonina. Possono essere consumati come fiocchi d'avena o utilizzati nelle barrette come fonte di energia calmante e a lento rilascio.

Includere questi ingredienti negli spuntini di emergenza può aiutare a fornire sollievo dallo stress e creare un senso di conforto quando le emozioni sono intense.

12.3 Idee per spuntini per aumentare la chiarezza mentale e la concentrazione

Mentre alcuni alimenti sono efficaci nel calmare la mente, altri supportano la chiarezza mentale, l'acutezza e la concentrazione sostenuta. Le situazioni di emergenza richiedono rapidità di pensiero, processo decisionale chiaro e concentrazione sostenuta, il che significa che è essenziale scegliere snack che supportino la salute del cervello e la funzione cognitiva.

1. Mix di noci e semi con cioccolato fondente e mirtilli secchi

Questo mix unisce i benefici di noci e semi con cioccolato fondente e mirtilli. I mirtilli sono noti per il loro alto contenuto di antiossidanti, che possono migliorare la funzione cognitiva e proteggere il cervello dallo stress. Il magnesio e il triptofano contenuti nei semi di zucca, insieme ai flavonoidi contenuti nel cioccolato fondente, creano uno spuntino che favorisce sia la chiarezza mentale che la calma.

Ingredienti: Mandorle, noci, semi di zucca, semi di girasole, pezzetti di cioccolato fondente, mirtilli essiccati

Conservazione: conservare in un contenitore ermetico. Questo mix è stabile a scaffale e può essere porzionato in piccoli sacchetti per un facile accesso.

2. Barrette di avena e noci con miele e camomilla

Queste barrette fatte in casa combinano avena, noci e miele, che forniscono energia costante insieme a proprietà calmanti. Il miele fornisce dolcezza naturale e aiuta a mantenere stabile lo zucchero nel sangue, mentre la camomilla aggiunge una qualità calmante allo spuntino.

Ingredienti: Fiocchi d'avena, mandorle, fiori di camomilla, miele, burro di mandorle, semi di lino macinati

Preparazione: mescolare tutti gli ingredienti in una ciotola, pressarli in una padella, conservare in frigorifero e tagliare a barrette.

Conservazione: conservare in frigorifero per un massimo di una settimana o in un contenitore ermetico se conservato per periodi più lunghi.

3. Polvere di yogurt greco con noci e frutta secca

Lo yogurt in polvere è una fonte di proteine leggera e stabile che può supportare la concentrazione e la prontezza mentale. L'aggiunta di noci e frutta secca crea uno spuntino equilibrato con grassi sani, carboidrati complessi e antiossidanti che supportano la funzione cerebrale.

Ingredienti: yogurt greco in polvere, noci, mandorle, mirtilli rossi secchi, albicocche secche

Preparazione: Mescolare gli ingredienti in un contenitore. Aggiungere acqua per reidratare lo yogurt in polvere quando è pronto da consumare.

Conservazione: conservare in un sacchetto o contenitore ermetico.

4. Pacchetti di frullati in polvere con verdure e adattogeni

Per una rapida spinta mentale, i pacchetti di frullati in polvere con verdure (come spinaci o polvere di cavolo riccio) e adattogeni (come ashwagandha o ginseng) possono essere mescolati con acqua. Gli adattogeni aiutano il corpo a gestire lo stress, mentre le verdure forniscono vitamine e minerali essenziali per supportare la funzione cognitiva.

Ingredienti: proteine in polvere (come proteine del siero di latte o di piselli), polvere di verdure, polvere di ashwagandha, polvere di frutta secca (mango o frutti di bosco)

Preparazione: mescolare gli ingredienti in un sacchetto, quindi aggiungere acqua o latte quando è pronto da bere.

Conservazione: conservare in un luogo fresco e asciutto.

5. Grappoli di semi ricchi di magnesio

Il magnesio aiuta a calmare il sistema nervoso, rendendo i semi ricchi di magnesio come i semi di zucca e di girasole ideali per alleviare lo stress. Questi cluster sono facili da preparare, portatili e forniscono un mix di grassi, proteine e nutrienti calmanti.

Ingredienti: Semi di zucca, semi di girasole, semi di chia, miele, pizzico di sale marino

Preparazione: mescolare semi e miele, distribuirli su una teglia e cuocere fino a doratura.

Conservazione: conservare in un contenitore ermetico.

Conclusione

Scegliendo con attenzione spuntini che non solo soddisfino la fame ma sostengano anche il benessere mentale, puoi aiutare a ridurre l'impatto dello stress, rimanere concentrato e sentirti calmo anche in situazioni di alta pressione. Ingredienti come noci e semi ricchi di magnesio, cioccolato fondente, avena e adattogeni offrono i nutrienti specifici necessari per mantenere un umore stabile e lucidità mentale. Includere questi snack nel tuo kit di emergenza può fare una differenza

significativa nella tua capacità di gestire le sfide
con resilienza e forza mentale.

161

Capitolo 13

Conclusione e suggerimenti finali per sopravvivere agli spuntini

Una preparazione adeguata è essenziale quando si tratta di nutrizione di emergenza. Gli snack che scegli, il modo in cui li conservi e il tuo approccio alla rotazione delle forniture possono svolgere un ruolo cruciale nel sostenere la salute e il benessere di te e della tua famiglia durante i periodi di crisi. In questo capitolo conclusivo, esamineremo le strategie di preparazione dell'ultimo minuto, metteremo in evidenza i principi nutrizionali chiave discussi e offriremo consigli pratici per gestire e ruotare in modo efficace le scorte di snack di emergenza.

13.1 Idee per la preparazione dell'ultimo minuto

In caso di emergenza imminente, dovuta a disastri naturali, interruzioni prolungate di elettricità o carenze improvvise, ci sono azioni dell'ultimo minuto che puoi intraprendere per rafforzare le tue scorte con snack ricchi di nutrienti. Ecco alcune idee di preparazione rapida che possono essere assemblate con i comuni alimenti base della dispensa e richiedono un tempo di preparazione minimo.

Prepara barrette energetiche fai-da-te: se hai accesso a ingredienti semplici come avena, burro di noci, miele e frutta secca, puoi preparare una serie di barrette energetiche o bocconcini in un breve lasso di tempo. Questi snack forniscono energia a lunga durata e possono essere conservati per lunghi periodi se avvolti bene.

Crea miscele rapide dì noci e semi: prendi sacchetti di noci, semi e frutta secca e mescolali insieme per ottenere spuntini veloci e ricchi di sostanze nutritive che forniscono proteine, grassi sani e zuccheri naturali per sostenere l'energia. Includere opzioni ad alto contenuto calorico come mandorle, noci e pezzi di cioccolato fondente può aumentare la densità calorica.

Fai scorta di snack in scatola e stabili a scaffale: se hai accesso a un negozio, concentrati sull'acquisto di articoli stabili e ad alto contenuto nutritivo come carne in scatola, burro di noci, carne secca e frutta e verdura liofilizzata. Questi richiedono una preparazione minima o nulla e possono aggiungere proteine e vitamine essenziali alla tua dieta di emergenza.

Frutta e verdura disidratata o liofilizzata: se il tempo lo consente, l'utilizzo di un essiccatore per frutta e verdura può creare uno spuntino a lunga durata che fornisce vitamine, fibre e zuccheri naturali. Sigillarli sottovuoto o conservarli in contenitori ermetici può prolungarne ulteriormente la durata.

Preparare pacchetti di idratazione dell'ultimo minuto: mescolare polveri elettrolitiche o creare pacchetti di idratazione fai-da-te con una miscela di sale, zucchero e polvere di potassio (se disponibile) può aiutare a garantire l'idratazione e l'equilibrio elettrolitico durante le situazioni di stress.

Adottare questi rapidi passaggi quando il tempo è limitato può aiutarti a massimizzare le tue risorse nutrizionali e creare ulteriore tranquillità.

13.2 Punti chiave per un'alimentazione equilibrata durante le emergenze

In questo libro abbiamo sottolineato l'importanza di un'alimentazione equilibrata per ottenere energia sostenuta, lucidità mentale e resilienza fisica. Ecco alcuni dei principi fondamentali da ricordare quando si selezionano e si conservano gli snack per le emergenze:

Bilancia i macronutrienti: scegli snack che forniscano un buon equilibrio di proteine, grassi sani e carboidrati complessi. Ogni macronutriente svolge un ruolo nel sostenere l'energia, mantenere l'umore e sostenere la funzione cerebrale. Barrette proteiche, miscele di noci e semi e snack integrali sono ideali a questo scopo.

Focus sulla densità dei nutrienti: gli alimenti ad alto contenuto calorico come noci, semi, frutta secca e oli sani sono particolarmente utili in situazioni di emergenza, poiché forniscono la massima energia con il minimo spazio. Gli alimenti ricchi di nutrienti garantiscono inoltre di soddisfare i bisogni di micronutrienti del tuo corpo, il che può aiutare a ridurre il rischio di affaticamento e mantenerti vigile.

L'idratazione è essenziale: rimanere idratati è fondamentale quanto avere abbastanza cibo. Includere alimenti ricchi di acqua, pacchetti di elettroliti e soluzioni di reidratazione fai-da-te può aiutare a mantenere una corretta idratazione e supportare le funzioni cellulari del corpo.

Attenzione al tuo umore: in situazioni di stress elevato, alcuni alimenti possono supportare la salute mentale. Incorporare ingredienti calmanti e che supportano la concentrazione come noci ricche di magnesio, avena e cioccolato fondente può aiutare a ridurre l'ansia e promuovere un pensiero chiaro.

Soddisfare le esigenze dietetiche: sia per te stesso che per i tuoi familiari, fai attenzione a eventuali restrizioni dietetiche, come diete prive di glutine, senza latticini o a basso contenuto di sodio. Le opzioni di snack personalizzati garantiscono che tutti abbiano accesso al cibo che soddisfa le loro esigenze specifiche senza compromettere la loro salute.

Questi punti chiave serviranno come base per fare scelte intelligenti e pratiche negli spuntini di emergenza e ti aiuteranno a mantenere un approccio equilibrato e resiliente alla nutrizione durante i momenti difficili.

13.3 Suggerimenti finali sullo stoccaggio e sulla rotazione degli snack di sopravvivenza

La longevità e la qualità dei tuoi snack di emergenza dipendono dalla corretta conservazione e dalla rotazione regolare. Ecco alcuni suggerimenti finali per mantenere le scorte di cibo fresche, accessibili e pronte per l'uso quando necessario.

Organizza ed etichetta le tue scorte: mantieni i tuoi snack di emergenza organizzati per categoria (ad esempio barrette proteiche, noci e semi, frutta secca) ed etichetta ciascun contenitore con la data di acquisto o di scadenza. Ciò semplifica il monitoraggio della freschezza e garantisce che gli snack più vecchi vengano consumati per primi.

Stabilisci un programma di rotazione: prendi l'abitudine di controllare la scorta di snack di emergenza ogni tre-sei mesi. Sostituisci gli articoli prossimi alla scadenza e consuma tutti gli snack che presto andranno a male. Questa rotazione aiuta a mantenere la freschezza e previene gli sprechi.

Conservare in condizioni fresche e asciutte: molti snack di emergenza, soprattutto quelli ricchi di grassi come noci e semi, sono soggetti a deterioramento se conservati in ambienti caldi o umidi. Conserva la scorta di snack di emergenza in un luogo fresco e asciutto per massimizzare la durata di conservazione.

Usa contenitori ermetici per snack fai-da-te: gli snack fatti in casa come barrette energetiche, mix di tracce e frutta e verdura disidratate devono essere conservati in contenitori ermetici per ridurre l'esposizione all'aria e all'umidità. L'uso di sacchetti sottovuoto o barattoli di vetro con coperchi stretti può aiutare a preservare il sapore e la consistenza di questi snack.

Pianifica luoghi di stoccaggio diversi: se possibile, dividi la scorta di snack di emergenza in luoghi diversi, ad esempio a casa, nel tuo veicolo e sul posto di lavoro. In questo modo, avrai accesso al cibo ovunque ti trovi in caso di emergenza.

Considera le opzioni portatili: per la massima flessibilità, scegli alcuni snack confezionati singolarmente o facili da porzionare. Ciò garantisce che siano pronti per essere afferrati e portati via senza ulteriore preparazione.

Seguendo questi suggerimenti sullo stoccaggio e sulla rotazione, sarai ben preparato con una fornitura affidabile di snack nutrienti che rimarranno freschi e accessibili ogni volta che ne avrai bisogno.

Conclusione

Preparare un kit di spuntini di emergenza completo è molto più che raccogliere semplicemente cibo; si tratta di costruire resilienza. Con una pianificazione attenta e un'attenzione particolare a un'alimentazione equilibrata, puoi soddisfare le esigenze fisiche e mentali di qualsiasi crisi. Dalle idee per la preparazione dell'ultimo minuto alle pratiche di rotazione intelligente, questa guida ha fornito gli strumenti di cui hai bisogno per avere fiducia nelle tue risorse alimentari, assicurando che tu e la tua famiglia siate

nutriti, idratati e pronti ad affrontare
qualunque cosa vi capiti.

Conclusione

Concludendo Spuntini di sopravvivenza: opzioni salutari e abbondanti per le situazioni di emergenza, è chiaro che il cibo è molto più che un semplice carburante in tempi di crisi. Opzioni di snack ponderate e ben preparate servono non solo come fonte di sostentamento fisico, ma anche come pietra angolare per la resilienza, la chiarezza mentale e il conforto emotivo. Una corretta alimentazione ci aiuta a rimanere con i piedi per terra, lucidi e fisicamente pronti ad affrontare qualsiasi sfida possa comportare una situazione di emergenza.

In questa guida, abbiamo trattato gli aspetti essenziali degli spuntini di sopravvivenza, dalla comprensione delle esigenze nutrizionali specifiche delle situazioni di stress elevato alla selezione e conservazione di alimenti stabili e ricchi di nutrienti. Concentrandoti su macronutrienti bilanciati, selezionando snack ipercalorici e a sostegno energetico e personalizzando le scelte alimentari per soddisfare esigenze dietetiche particolari, puoi garantire che ogni articolo nel tuo kit fornisca il massimo supporto. Inoltre, abbiamo evidenziato l'importanza dell'idratazione, della rotazione del cibo e delle tecniche di conservazione per mantenere le scorte di emergenza fresche e funzionali.

Nel costruire un kit snack completo, non ti stai solo preparando per l'ignoto; stai facendo un investimento in sicurezza e tranquillità. Un kit ben fornito che considera sia il corpo che la mente ti consente di affrontare le situazioni di emergenza con sicurezza, sapendo che le tue basi nutrizionali sono coperte. Principi chiave come la combinazione di proteine, grassi e carboidrati per un'energia equilibrata, la selezione di snack che supportino il benessere fisico e mentale e il mantenimento di un programma di rotazione contribuiscono a garantire che i tuoi snack di sopravvivenza siano una risorsa duratura e preziosa.

In definitiva, la preparazione alle emergenze va ben oltre la semplice sopravvivenza: si tratta di farlo in modo da preservare la salute, l'energia e l'acutezza mentale. Quando ogni spuntino nel tuo kit ha uno scopo, dal soddisfare le esigenze dietetiche all'offrire sollievo dallo stress, diventa più di una semplice necessità; fa parte di una strategia ponderata per rimanere resilienti, indipendentemente dalle circostanze. Con le conoscenze contenute in questa guida, sei attrezzato per fare scelte informate che diano priorità alla salute, alla praticità e alla longevità, apportando prontezza e rassicurazione al tuo piano di preparazione alle emergenze.

9 798304 045438